Anja Lerz/Susanne Hübscher (Hrsg.)

BESSER WIRD'S NICHT!

Ein charmanter Angriff auf den weiblichen Optimierungswahn

Brendow
VERLAG + MEDIEN

Bibliografische Information der Deutschen Nationalbibliothek
Die Deutsche Nationalbibliothek verzeichnet diese Publikation in der Deutschen Nationalbibliografie; detaillierte bibliografische Daten sind im Internet über http://dnb.d-nb.de abrufbar.

ISBN 978-3-86506-300-7

Einbandgestaltung: Brendow Verlag, Moers
Titelfoto: shutterstock
Satz: Satzstudio Winkens, Wegberg
Druck und Bindung: CPI – Clausen & Bosse, Leck
Printed in Germany

www.brendow-verlag.de

Inhalt

Zeit der Erlaubnisse

Bianka Bleier

Nachdem ich einen Miesepeterartikel darüber gelesen habe, dass Rotwein selbst in homöopathischen Dosen genossen die Krebswahrscheinlichkeit deutlich mehr erhöht als das Herzkreislaufrisiko senkt, vergeht mir irgendwie die Lust am Leben. Ist denn alles lebensgefährlich, was Spaß macht? In der einen Woche lese ich, dass Leitungswasser allemal gesünder sei als Mineralwasser mit Kohlensäure (wer will sich denn freiwillig übersäuern?). In der nächsten Woche vernehme ich die Mahnung, dass man sich schon gut überlegen solle, welchen Leitungen man Vertrauen schenke. Die Samstagsbeilage der Zeitung appelliert, meine regelmäßige Beckenbodengymnastik nicht zu vergessen, falls ich nicht die Senkung sämtlicher innerer Organe riskieren wolle. Überall lauern Aufforderungen, die richtigen Dinge richtig zu machen: Nehme ich auch genügend Calcium zu mir, um Osteoporose vorzubeugen? Bewege ich mich genügend, um doppelten und dreifachen Bandscheibenvorfällen vorzubeugen? Heute schon an Bauchgymnastik gedacht? An Sonnenschutz? Fünf rote oder grüne Mahlzeiten zu mir genommen? Den Verzehr von Schweinefleisch unterlassen? Habe ich bereits eine Zahnzusatzversicherung, oder bin ich insgesamt bedrohlich unterversichert? Und wann habe ich zum letzten Mal Zahnseide benutzt? Überhaupt – wende ich die korrekte Zahnreinigungstechnik an, mit dreißigprozentigem Neigungswinkel der Zahnbürste, um Parodontose vorzubeugen? Und bietet es sich da nicht geradezu an, das dreimal tägliche Zähneputzen mit kleinen, aber effektiven Gymnastikübungen zur Stabilisierung der Beinmuskulatur und Förderung des Gleichgewichtssinns zu verbinden?

Überhaupt: Wie sieht es aus mit meinem Essverhalten? Achte ich darauf, raffinierten Zucker zu vermeiden und stattdessen frisch gemahlenes Vollkornmehl zu verwenden? Koche ich energiesparend und vitaminschonend? Und ist mir stets bewusst, dass ich ab 16 Uhr keine Kohlehydrate mehr zu mir nehmen sollte? Diese Woche schon an Ausdauersport und Krafttraining gedacht? Man soll jetzt Aprikosen und Himbeeren essen, um Krebserkrankungen wirksam vorzubeugen – ferne Länder, die sich so ernähren, sind jedenfalls krebsfrei. Mein Gewissen klagt mich zusätzlich an. Wer für artgerechte Tierhaltung ist, sollte so gut wie nie Fleisch essen, und wenn, vom Biometzger, oder noch besser, direkt vom Erzeuger. Allmählich werde ich noch schizophren. Beim Streifen durch den Supermarkt jedenfalls höre ich schon Stimmen. »Tu dies, lass jenes, pass bloß auf, Lebensgefahr, Vorsicht Falle ...«

Und all die Auflagen und Gebote, die in Bezug auf unsere Kinder auf uns einstürmen. Die sich ständig wandelnden Erziehungsrichtlinien, all die geistigen, geistlichen und körperlichen Fördermaßnahmen, die aus ihnen erst rechte Erwachsene werden lassen, aber unseren Kindern unbeschwerte Kindheitszeit rauben und uns unbeschwerte Zeit mit ihnen.

Ich bin in der »Um-zu«-Abteilung des Lebens gelandet – um zu überleben, um gesund und schön zu bleiben, jung auszusehen, keine Fehler zu machen, ist es nötig, zu ...

Beliebte »Musts« der Dieszeit lauten:

Du sollst keine Falten haben!

Du sollst graue Haare verstecken!

Du sollst selbstbewusst und schlank sein!

Du sollst Ausstrahlung haben, aufrecht sitzen, positiv denken!

Du sollst dein Leben neu erfinden, am besten gleich dich selbst!

Du sollst den Tag nutzen, deine Stunden einteilen, kaufe die Zeit aus!

Du sollst stark und fröhlich sein! Tapfer und mutig!

Du sollst genügend Vitamine zu dir nehmen!

Genau wie rechtsdrehende Joghurtkulturen. Antioxidantien. Omega-3-Fettsäuren. Und Folsäure, Selen ...

Ich bin das geborene Opfer der Ratgeberreligion. Was geschrieben steht in Zeitschriften und Büchern, nehme ich schwarz auf weiß. Nur: Nach der Lektüre vieler gut meinender Rat-Schläge geht es mir oft schlechter als vorher. Du brauchst dies und du brauchst jenes, du sollst dies und du sollst jenes ... gerade ging es mir eigentlich ganz gut und nun – Ängste, Bedürfnisse, Unzufriedenheit, Druck ...

Manches in der Ratgeberszene ist ja auch gar nicht

verkehrt. Ich habe kompetente Ratgeber schätzen gelernt, etwa zu Themen wie Partnerschaft, Erziehung von Kind und Hund, Ernährung, Lebensmitte, Älterwerden, Reisen, Gemüseanbau, Saunieren, Exceldateien erstellen und meinetwegen auch Farb- und Stilfragen. Wenn ich vor einem neuen Lebensabschnitt stehe, neige ich dazu, mich vorab zu informieren, und bin dankbar, wenn ich an den Erfahrungen Dritter teilhaben darf, die mich ermutigen und befähigen. Aber ich will selbst entscheiden, wann ich mir Rat hole, wofür und wo. Ich will mich nicht mehr ungefragt von Ratschlägen erschlagen lassen.

Gesundheits-, Schönheits- und Jugendwahn sind Lebenslügen, Suchtmittel, Götzen. Warum nur will ich mit aller Macht mein Leben verlängern? Steckt dahinter Kleinglaube? Der Zweifel daran, ob jenes noch unsichtbare, aber ewige Leben wirklich besser ist als dieses sichtbare, aber endliche? Unendlich, und unendlich viel schöner? Nagt die alte Frage der Schlange an der Seele: Sollte Gott wirklich gesagt haben ... Dann nehme ich lieber mit dem Spatz in der Hand vorlieb. Und während ich mein Denken und Tun ausrichte auf all die Richtigkeiten, die andere mir vorschreiben, verhalte ich mich wieder wie zu der Zeit, als ich noch nicht an Gott glaubte und Alles-richtig-Machen eine Art Ersatzreligion war.

Schlimmer noch als mein Kleinglaube ist mein privater Größenwahn: Beim Versuch, alles richtig zu machen, verfalle ich der Illusion des Machbarkeitsdenkens. Wer viel investiert, hat mehr Spatzen in der Hand. Aus Angst vor Krankheit und Tod beuge ich mich der Diktatur des Sollens – und mache damit mein Leben zu einer Krankheit. In Wirklichkeit kommt alles aus Gottes Hand, Spatzen und Tauben. So oft versuche ich, mein Leben zu meistern, und vergesse, dass es einen Meister gibt, der versprochen hat, meine Lasten zu tragen und mir Frieden zu schenken. Jesus kam, um uns frei zu machen von Sklaverei und Angst. Dietrich Bonhoeffer schrieb: »Tritt aus ängstlichem Zögern heraus in den Sturm des Geschehens, nur von Gottes Gebot und deinem Glauben getragen, und die Freiheit wird deinen Geist jauchzend empfangen.«

Eine Welle von fröhlich aussehenden Motivationsbüchern voller Kapitel angeblich leicht nachahmbarer Heilsversprechungen strömt über uns hinweg. Seltsamerweise sind all diese propagierten Gewohnheiten, von denen ich glaube, dass ich sie haben sollte, elendig schwer einzuhalten. Sie erfordern jede Menge eisernen Willen. In der ratgebertechnisch sehr interessanten Phase der Lebensmitte angekommen, bin ich es aber allmählich satt, ständig meine innere Schweinehündin zu bekämpfen. Ich mag nicht mehr überwinden und besiegen. Ich will keinen Kampfplatz mehr aus meinem Leben machen. Wie sollte auch der Kampf gegen ein Tier, das ursprünglich als »Hund für die Saujagd« eingesetzt wurde, Spaß machen. Oder gar Freude ... Gar nicht! Es ist ein mühsamer Alltagskleinkrieg ohne Aussicht auf Erfolg. Ich bin jedenfalls nicht sehr weit gekommen in all den Jahren des von den Medien angefeuerten Kampfes. Das Einzige, was ich erlebe ist, dass mein Istzustand dazu neigt, unter all den erkannten Sollzuständen zu bleiben.

Ich will gar nicht mehr ständig kämpfen müssen. Ich will auch sein dürfen. Ich will nicht einen Feldzug nach dem anderen führen, ich will die Waffen strecken, die Durchhalteparolen in den Wind schlagen. Ich hänge die weiße Fahne vor mein Fenster, rauche die Friedenspfeife mit mir selbst – obwohl Rauchen ungesund ist – und beschließe: Ich will mein Leben nicht mehr verlängern, ich will es vertiefen. Und: genießen. Trotz vieler trauriger Momente gibt es so viele Dinge, die einfach nur genossen werden wollen, nicht erkämpft.

Ich rufe ein neues Zeitalter aus: Die Zeit der Erlaubnisse! Ich sollte ... ich sollte nicht ... ich sollte ... ich sollte nicht! Wenn ich als Kind glaubte, meiner Mutter befehlen zu können, was sie tun müsse, war ihre Standardantwort: »Gar nichts muss ich, nur sterben!« Und darin steckt nun wirklich ein Funke Wahrheit.

Eine echte Entscheidung findet in Zusammenarbeit von Herz und Kopf statt und hat Signalwirkung. Wie ein Netz, das man auswirft, fängt sich darin vieles ein, womit man nicht gerechnet hat. Ich beschließe: Wenn ich schon mit einer inneren Schweinehündin »gesegnet« bin, dann will ich sie nutzen und auf mein Machbarkeitsdenken ansetzen. Sobald ich ihm wieder auf die Spur komme, werde ich rufen: »Fass! Beiß!« und dann der Schweinehündin befehlen, es zu vertreiben. Ich will umdenken, dieses alte »Um-zu«-Denken abschütteln wie Staub von den Füßen, will rausschlüpfen aus diesem Denksystem wie eine Raupe aus zu enger Haut. Ich will leben, und zwar selbst!

An meiner Tür hängt ein Plakat. Darauf guckt mich sehr gelassen eine sehr alte Astrid Lindgren mit sehr vielen, sehr sympathischen Falten an und sagt: »Ich mach mir die Welt, wie sie mir gefällt.« Ha! Ich spüre einen Anfall gesunden Trotzes und schreibe mit dickem Stift weitere Du-darfst-Botschaften von Astrid Lindgren darunter: »Es gibt kein Verbot für alte Weiber, auf Bäume zu klettern!« »Die Welt ist voll von Sachen, und es ist wirklich nötig, dass sie jemand findet.«, »Und dann muss man ja auch noch Zeit haben, einfach dazusitzen und vor sich hin zu schauen.« Jawohl! Ich darf, kann und will!

Ich darf schwach sein und jammern!

Ich darf traurig sein und weinen!

Ich darf glücklich sein und auffällig laut lachen!

Ich darf tiefsinnig und leichtsinnig sein!

Ich darf Fehler machen und zu ihnen stehen.

Ich darf mich entspannen, mich zurückziehen, Nein denken und sagen.

Mein Körper darf sich verändern, altern, sterblich sein.

Ich darf begrenzt statt vollkommen sein.

Ich brauche mein Leben nicht durchzustrukturieren wie einen Betrieb, der perfekt funktionieren muss.

Ich will mich nicht fürchten.

Ich will meine Geborgenheit nicht im Machbarkeitswahn suchen, sondern im Vertrauen auf Gott, der mich liebt und mir Gutes gönnt.

Ich will meine Zeit genießen alle guten Tage meines Lebens lang.

Im Genuss der ungeschützten Sommerfrische eines Altweibersommers will ich, dass mir wunderschöne Lachfalten gedeihen!

Meinen Kindern wollte ich immer ein Bullerbü-Leben ermöglichen. Für sie ist es mir weitgehend gelungen, mich von der Diktatur des Sollens fernzuhalten. Ich erinnere mich an Vorgaben meiner Krabbelgruppenfreundinnen: Johannes soll Trompete lernen, um seine Koordinationsfähigkeiten anzuregen. In Tobias' Zimmer hängt ein teures Klangspiel, um sein Kleinhirn zu stimulieren. Sandra geht noch vor dem Kindergarten zur musikalischen Früherziehung, zur Kunstmusikschule für Bambini, zum Früh-Sport, um ihr musikalisch/künstlerisch/sportliches Talent zu fördern ...

Bei den Kindern habe ich es glücklicherweise geschafft. Mein Schutz war meine Liebe zu ihnen, und schon damals waren die Gedanken von Astrid Lindgren ein guter Leitfaden fürs Leben. Bullerbü war ein starkes Bild, das sich durch all die herrlichen Kinderbücher in mir festgeschrieben hatte. So sollten sie leben dürfen, wenigstens als Kinder, frisch, fromm, fröhlich und frei. Heute sind sie erwachsen und weder musikalische noch künstlerische oder sportliche Überflieger, aber sie haben die Gabe, ihr Leben zu genießen, sich an Kleinem zu freuen, liebevoll mit sich, alten und behinderten Menschen umzugehen, sich sowohl in andere einzufühlen als auch sich gesund abzugrenzen und zu staunen über Gottes Schöpfung.

Als unsere Mittlere einige Monate in Australien verbrachte und sich erkältet hatte, erlebte sie, wie sie von der Familie, wo sie gerade arbeitete und wohnte, verwöhnt wurde: Sie hatten im Freien eine Badewanne aus Holz. Darunter, in angemessenem Abstand, war eine Feuerstelle mit glühenden Kohlen. Nie wird sie die Nacht vergessen, als sie unter dem blankesten Sternenhimmel, den sie je gesehen hatte, mitten im Regenwald auf einem Berg im Garten dieser Farm im Freien in der Holzbadewanne voller Milch, Honig und Regenwasser lag, den Geräuschen im Urwald lauschte, in den Himmel blickte und hinunter ins Tal.

Ich sehe alte Fotos von meiner Oma an, erinnere mich lächelnd an ihren ruhigen Glauben, ihre unkomplizierte Kittelschürzenschönheit, ihre leiderprobte Gelassenheit sowohl dem Leben als auch dem Sterben gegenüber. Für mich wird es Zeit, wieder auf Bäume zu klettern.

Es geht darum, öfter mal die Feste des Lebens zu feiern, statt Leben zu planen und vorherzusehen. Statt alles noch perfekter zu machen, arbeite ich daran, meine Wut wiederzuentdecken, mir das Jammern und Faulenzen zu erlauben, Früchte der Lebensmitte. Vielleicht brauchte es bei mir so viele Jahre, um zu dieser Erlaubnis durchzubrechen. Mein einziger Rat in einem Kapitel eines Antiratgebers kann nur lauten: Wenn eine Abkürzung in Sicht ist, bitte nehmen!

Und dann ist es auch sehr sinnvoll, auf den großen Ratgeber zu hören, den Besitzer von Weisheit und Allmacht. In der Talkrunde der Ratgeber erlebt man hier einen erfrischenden Gegen-Ton, einen befreienden Widerspruch:

Dann sagte Jesus zu allen: »Gebt acht! Hütet euch vor jeder Art von Habgier! Denn der Mensch gewinnt sein Leben nicht aus seinem Besitz, auch wenn der noch so groß ist.« Jesus erzählte ihnen dazu eine Geschichte: »Ein reicher Grundbesitzer hatte eine besonders gute Ernte gehabt. Was soll ich jetzt tun?, überlegte er. Ich weiß gar nicht, wo ich das alles unterbringen soll! Ich hab's, sagte er, ich reiße meine Scheunen ab und baue größere! Dann kann ich das ganze Getreide und alle meine Vorräte dort unterbringen und kann zu mir selbst sagen: Gut gemacht! Jetzt bist du auf viele Jahre versorgt. Gönne dir Ruhe, iss und trink nach Herzenslust und genieße das Leben! Aber Gott sagte zu ihm: Du Narr, noch in dieser Nacht werde ich dein Leben von dir zurückfordern! Wem gehört dann dein Besitz?« Und Jesus schloss: »So steht es mit allen, die für sich selber Besitz aufhäufen, aber bei Gott nichts besitzen.«

Dann sagte Jesus zu seinen Jüngern, den Männern und Frauen: »Darum sage ich euch: Macht euch keine Sorgen um euer Leben, ob ihr etwas zu essen habt, und um euren Leib, ob ihr etwas anzuziehen habt! Das Leben ist mehr als Essen und Trinken, und der Leib ist mehr als die Kleidung! Seht euch die Raben an! Sie säen nicht und ernten nicht, sie haben weder Scheune noch Vorratskammer. Aber Gott sorgt für sie. Und ihr seid ihm doch viel mehr wert als die Vögel! Wer von euch kann durch Sorgen sein Leben auch nur um einen Tag verlängern? Wenn ihr nicht einmal so eine

Kleinigkeit zustande bringt, warum quält ihr euch dann mit Sorgen um all die anderen Dinge? Seht euch die Blumen auf den Feldern an, wie sie wachsen! Sie arbeiten nicht und machen sich keine Kleider, doch ich sage euch: Nicht einmal Salomo bei all seinem Reichtum war so prächtig gekleidet wie irgendeine von ihnen. Wenn Gott sogar die Feldblumen so ausstattet, die heute blühen und morgen verbrannt werden, dann wird er sich erst recht um euch kümmern. Habt doch mehr Vertrauen! Zerbrecht euch also nicht den Kopf darüber, was ihr essen und trinken werdet. Mit all dem plagen sich Menschen, die Gott nicht kennen. Euer Vater weiß, was ihr braucht. Sorgt euch nur darum, dass ihr euch seiner Herrschaft unterstellt, dann wird er euch schon mit dem anderen versorgen. Sei ohne Angst, du kleine Herde! Euer Vater ist entschlossen, euch seine neue Welt zu schenken!« (Lukas 12, 15f.).

*

Bianka Bleier, gelernte Bibliothekarin und Familienfrau, begann mit 34 Jahren zu schreiben. Sie ist Buchautorin und freie Mitarbeiterin der Zeitschriften *family* und *JOYCE.*

Der undressierte Hund

Karin Ackermann-Stoletzky

Es gibt Menschen, die mich immer wieder in Erstaunen versetzen: Sie sind gut organisiert, handeln konsequent und schaffen es irgendwie, ihr Leben im Griff zu haben. Wir gehören nicht dazu, mein Mann und ich, obwohl wir es wirklich immer wieder versuchen. Beispiele dafür gibt es viele. Als wir etwa unseren Hund Kalle bekamen, da bemühten wir uns, alles richtig zu machen: Wir gingen mit ihm in die Welpenspielstunde (o.k., nicht lange, aber immerhin fünf Mal), übten mit ihm »Sitz!« und »Platz!«, und er durfte nicht aufs Bett (weil das für die Hundepsyche nicht gut ist, die Viecher meinen dann sofort, sie wären auch ein Mensch). Ich las sogar einen Ratgeber für Hundebesitzer, in dem ein Tierpsychologe erklärte, worauf zu achten ist, und mein Mann und ich sahen uns jeden »Tiernanny-Ratgeber« im Fernsehen an. Besonders wichtig: Der Hund muss seinen Platz im Rudel genau kennen, und es muss konsequent mit ihm gearbeitet werden. Bei dem Wort »konsequent« hätte ich das Buch eigentlich schon beiseitelegen und das Fernsehgerät ausschalten können, aber mein Hundemutterherz ließ mich hoffen, dass ich es diesmal schaffe, das mit dem Konsequentbleiben ...

Das ist eben mein großes Handicap: Ich bin in viel

zu vielen Situationen viel zu inkonsequent. In manchen Bereichen klappt es ja wunderbar, zum Beispiel halte ich meine Pommes-Sahnetortendiät schon seit Jahren konsequent durch, bin konsequent unordentlich und schusselig und werde ebenso konsequent immer erst auf den letzten Drücker mit allem fertig. Ich habe mit meinem inneren Schweinehund schon genug zu tun – und eigentlich war ja klar, dass die Idee mit der konsequenten Außenhunderziehung nur klappen würde, wenn der Innenhund vorher bei Fuß geht. Trotzdem, ich war wild entschlossen.

Jetzt, drei Jahre später, ist Kalle ein lebendiger, fröhlicher, kuscheliger, kluger, witziger, katzenfreundlicher Wachspitz, der natürlich jede Nacht mit uns im Bett schläft (ich fand es irgendwann schwer, ihm zu erklären, dass die Katzen im Bett schlafen dürfen und er nicht – und ja, ich weiß, dass es irrational ist, einem Hund etwas erklären zu wollen!). Sobald es an der Tür klingelt, macht er mehr Krach als die beste Alarmanlage, im Auto macht er einen Riesenlärm, wenn er draußen andere Hunde sieht, die ohne ihn zu fragen seine Bürgersteige benutzen, und er mag keine Kinder, die kläfft er auch an. Zur Begrüßung springt er gerne mal an Leuten hoch, was man als Hund nicht darf (gut, als Mensch auch nicht ...). Aber immerhin kommt er sofort, wenn er gerufen wird, egal, wie weit er vorausgerannt sein mag, lässt sich jeden Knochen aus dem Maul nehmen, kuschelt mit unseren Katzen, macht »Sitz!« und »Platz!« – und er kann grinsen wie ein Mensch.

Seit wir Kalle haben, verstehe ich alle Eltern, die peinlich berührt zur Seite sehen, wenn ihre Kinder sich in der Öffentlichkeit schlecht benehmen, und dann so tun, als hätten sie nichts bemerkt. Die Konfrontation mit den eigenen Erzieherdefiziten ist nicht leicht, und die vorwurfsvollen Blicke der Mitmenschen sind nicht eben angenehm. Wenn Kalle und ich unterwegs sind, er begeistert andere Hunde anbellt und Passanten vorwurfsvoll ihr Haupt schütteln, reagiere ich nicht klar und konsequent, sondern versuche oft, ihn mit unterdrückter Stimme halb flüsternd zur Ruhe zu rufen, weil es mir peinlich ist, dass mein Hund sich nicht benehmen kann. Was Kalle wahrscheinlich eher als halbe Bestätigung auffasst.

Manchmal lege ich mich mit den Hundekritikern der Umgebung auch an. Vor einiger Zeit hatte ich einen heftigen Disput mit einem Mitarbeiter der Müllabfuhr, der laut schreiend forderte, solche lauten Tölen sollte man totschlagen. Ich schrie zurück, er müsste doch als Erster Verständnis für das Mitteilungsbedürfnis meines Hundes haben, er könnte anscheinend ja auch nicht die Klappe halten. Seine Kollegen lachten und hielten ihn dann fest, als er hinter uns herrennen wollte, und Kalle und ich bogen schnell um die nächste Ecke (wobei Kalle eindeutig wieder mal grinste).

Er ist also von mir nicht ruhigzustellen, und das kann ganz schön nerven. Aber wenn er einmal pro Woche mit Benno unterwegs ist, bin ich ganz die stolze Hundebesitzerin. Benno ist »Dogwalker« und geht täglich mit bis zu acht Hunden gleichzeitig spazieren, vier

Stunden Rudelwanderung. Ich weiß nicht genau, wie er das hinbekommt, aber keiner seiner Kunden tanzt aus der Reihe. Auch Kalle trabt zwischen all den großen Hunden ohne Angst und ohne Kläfferei mit fröhlich wedelndem Schwanz durch Solingen und ist ein Vorbild für jeden Spitz: Brav, ruhig, gehorsam ... Er kann also, wenn er muss, der Hund!

Eines Tages bereitete ich mich auf ein Seminar für Mitarbeiter in der Behindertenhilfe vor. Es sollte um »Ressourcenorientierung« gehen, also darum, nicht ständig zu versuchen, die Schwachstellen im Leben auszugleichen, sondern Stärken, Möglichkeiten und Hilfsmittel zu entdecken. Als ich so nebenbei wieder mal mit meinen Hundeerziehungsdefiziten haderte, hatte ich plötzlich die Idee, diesen Grundsatz auch auf Kalle und mich anzuwenden: Was kann ich gut, was kann Kalle gut und worauf reagiert er am besten? Wie haben wir ihm zum Beispiel »Sitz!« und »Platz!« beigebracht, warum kommt er, wenn wir rufen? Die Antwort lautet: Kalle liebt Käse, und Kalle liebt uns! Für Käse macht er fast alles, und wie die meisten Hunde ist er echt begeistert, wenn wir uns über ihn freuen. Und wenn ich nicht warte, bis er richtig in Kläfflaune kommt, sondern versuche, ihn vorher käsetechnisch auf mich zu fixieren, vielleicht ...

Manchmal haut es hin, eigentlich sogar immer öfter. Ein gut dressierter Hund ist Kalle aber immer noch nicht, und leider liegt das weniger an ihm als an mir. Obwohl: Mit der Methode, auch in der Schweinehunddressur meine Stärken zu nutzen, statt mich auf meine

Schwächen zu konzentrieren, gibt es doch den einen oder anderen Erfolg. »Das Gute, das ich tun will, tue ich nicht, das Böse, das ich nicht tun will, tue ich – nun aber ist dies weit überwunden in Jesus Christus, meinem Herrn!« Das ist eigentlich gar keine schlechte Richtschnur für den Umgang mit inneren Schweinehunden.

Erwarten Sie von mir trotzdem keine Ratgeber zum Thema Hundeerziehung oder Konsequenz. Aber zum Thema »Unangenehm auffallen und trotzdem gut drauf« können Sie auf mich zählen.

Karin Ackermann-Stoletzky lebt mit ihrem Mann, dem Journalisten Cyrill Stoletzky, in Solingen. Sie arbeitet als Supervisorin, Trainerin, Referentin und betreibt eine Praxis in Solingen. www.praxis-intakt.de

Was sind wir wieder gesund

Jutta Wilbertz

Samstagmorgen: Meine Freundin Birgit ist am Telefon, gut gelaunt und dynamisch wie immer.

»Hey, was machst du heute, kommst du mit in die Sauna?«

Sauna, mmmh, klingt eigentlich gut. Hab nichts weiter vor heute, und Sauna steht schon länger auf meiner »Was ich mal wieder tun könnte, aber nie dazu komme«-Liste. Bin in letzter Zeit immer so nervös, da ist Entspannung genau das Richtige.

»Okay!«, sage ich, »wo willst du hin? Wie wär's mit dem Theophanes-Bad, die Sauna ist echt nett da.«

»Tss«, sagt Birgit, »doch nicht ins Schwimmbad. Wir gehen in die Bartholomäus-Therme, was anderes kommt für mich gar nicht infrage. Wenn schon Wellness, dann richtig.«

Bartholomäus-Therme – wow! Kenn ich nur von außen. Salziges Wasser, gesalzene Preise, das ist bekannt. Mir würde ein normales Schwimmbad mit Saunabereich ja reichen, und im Theophanes kenne ich mich aus. Ist immer angenehm leer, nur ein paar Omas, mit denen man gut schwitzen und schwatzen kann. Die Saunaregeln, die auf einem Schild an der blauen Kachelwand hängen, kann ich auswendig: Duschen, Füße wärmen und ab in den Schwitzkasten, auf der obersten Stufe anfangen, langsam runterrutschen, nie länger als 15 Minuten in der Hitze bleiben. Manchmal geht die Holztür auf, und ein Mann in weißer Kleidung und beigen Badeschlappen fragt mürrisch: »Aufguss?« Und ehe man antworten kann, kippt er zwei, drei Kellen Latschenkieferextrakt auf die künstlichen Kohlen. Das wird dann noch mal richtig heiß und riecht gut – nach Wald und Weihnachten. Hugo, so heißt er, ist Mädchen für alles, verkauft Kaffee an der Minibar und bietet auch Massagen an. Nach jedem Saunagang kann man sich in eine Decke kuscheln und das neueste Klatschblatt lesen. Herrlich! Dann wieder Füße wärmen und auf zum nächsten Gang. Höchstens drei insgesamt. Und abends so entspannt sein, dass man vor dem Fernseher einschläft.

Doch, Sauna mit Birgit, das ist prima. Nur: Warum viel Geld in der Bartholomäus-Therme ausgeben, wenn wir das Gleiche für weniger im Theophanes bekommen? Ich bin nicht geizig, aber mehr als heiß und trocken kann eine Sauna ja nun auch nicht sein, oder?

»Du hast ja keine Ahnung!«

Heftig fegt Birgit meine Einwände vom Tisch. Und legt los: gar kein Vergleich, Solebäder, Dampfbad, Farbsaunen und das Ambiente, so wunderschön und ästhetisch, eine Zufluchtsstätte, eine Oase der Ruhe, ein Garten Eden, am liebsten würde sie mir wohl ein Traktat durch den Hörer schieben, aber da hat sie mich auch schon überredet. Man gönnt sich ja sonst nichts! Also los!

Immerhin, der Eingangsbereich ist nicht zu vergleichen mit dem Theophanes, wo es ja zugegeben etwas klinisch zugeht – vom Chlorgeruch mal ganz zu schweigen. Hier sprudelt ein Zimmerbrunnen direkt neben der Theke, es riecht dezent nach irgendetwas Frischem (Zedern? Limone?), und beeindruckt betrachte ich die in Terrakotta gehaltenen Wände und Marmorböden. Wie eine alte etruskische Villa!

Wir ziehen uns bei gedämpftem, warmem Licht um (so gedämpft, dass ich eine Weile brauche, um den Spindschlüssel wiederzufinden, der mir runtergefallen ist), es läuft leise Klaviermusik, versehen mit Wasserplätschern und Vogelgezwitscher. Dann gehen wir durch einen wunderschönen Gang mit Fresken an den Wänden und echten Palmen in Terrakotta-Töpfen, die Musik bleibt langsam hinter uns zurück.

»Ist das nicht alles wunderbar?«, flüstert Birgit. »Man ist sofort in einer anderen Welt.«

Allerdings ist diese Welt ziemlich bevölkert, wie ich dann eine Ecke weiter im eigentlichen Saunabereich feststelle. Wir sind offensichtlich nicht die Einzigen, die Ruhe und Entspannung suchen.

»Keine Sorge, das verläuft sich«, beruhigt mich Birgit.

Tatsächlich: Die vielen nackten Menschen beiderlei Geschlechts, die zielstrebig von allen Seiten herbeigeeilt sind, haben sich alle gemeinsam in eine der Saunahütten geklemmt und die Tür zugemacht.

»Und was soll das jetzt?«, frage ich

»Früchte«, sagt Birgit und lächelt geheimnisvoll. »Komm duschen.«

Ich lasse mir den warmen Wasserstrahl in den Nacken rieseln und versuche, mich der Entspannung hinzugeben. Es klappt nicht wirklich. Diese Menschenmassen, die alle unbedingt in diese eine Sauna wollten, haben mich verunsichert. So etwas kenne ich nicht. Sind die anderen Saunen kaputt? Müssen wir da auch gleich rein? Kriegen wir überhaupt Luft da drinnen? Was, wenn die Sauna so gestopft voll ist, dass sich die Tür verkeilt? Vor meinem geistigen Auge sehe ich, wie Birgit und ich verzweifelt versuchen, die Tür aufzustemmen, hechelnd und schweißgebadet ... Immerhin muss es ja auch hier einen Hugo geben, der seine Runde mit dem Kiefernaufguss macht. Das beruhigt mich etwas. Wir haben schließlich viel Geld bezahlt, da muss uns ja einer retten kommen.

»So«, sagt Birgit und schnappt sich ihr Sauna-Tuch. »Lass uns direkt mit dem Salz-Honig-Aufguss anfangen. Der geht in zehn Minuten los, also beeil dich.«

Ich frage nicht, was das ist, und trotte hinter ihr her. Glücklicherweise hat sie eine andere Hütte anvisiert, also scheint es doch nicht nur ein funktionierendes Modell zu geben. Drinnen bleibe ich verblüfft stehen. Ich bin in einer riesigen, düsteren Höhle. Dunkle Holzwände, in der Mitte ein großer Ofen mit Kohlen, drum herum Sitzbänke, eine über der anderen, bis ganz hoch oben – und überall kauern in sich zusammengesunkene Gestalten mit strähnigen Haaren. Birgit hat zielstrebig die zweitunterste Bank angesteuert. Ich will eigentlich höher klettern (so macht man das doch, von oben, wo es am heißesten ist, immer niedriger steigen), aber sie klopft gebieterisch neben sich, also bleibe ich.

Und das ist gut so, denn nun öffnet sich alle paar Sekunden die Tür, und Menschen drängen hinein, immer mehr Menschen ... Woher die wohl alle kommen? Sie murmeln leise Entschuldigungen, steigen über Beine, quetschen sich zwischen sitzenden Leibern hindurch, klettern hoch zu den letzten freien Plätzen direkt unter der rauchgeschwärzten Decke. Es wird gerutscht und gezischelt, und dann ist es plötzlich ganz still, eine erwartungsvolle, andächtige Stille.

So müssen unsere Vorfahren in den Höhlen gehockt und Stammesgericht gehalten haben, denke ich, und mir wird plötzlich ganz feierlich zumute. Ein Blick auf die Uhr über dem Eingang zeigt, dass wir seit 10 Minuten hier drinnen sind, mir ist auch schon ganz gut heiß. Für den ersten Durchgang reicht es eigentlich, und ich will aufstehen. Doch da öffnet sich die Tür, und eine junge Frau tritt ein – nein, sie schwebt hinein. Schlank, groß, in ein malerisches weißes Laken gehüllt, mit einem kunstvollen Turban aus weißem Frottee auf dem Kopf. Sie lächelt uns an:

»Einen schönen guten Tag, ich begrüße Sie recht herzlich zu unserem Salz-Honig-Aufguss. Mein Name ist Agnetha, und ich werde Sie nun durch den Aufguss begleiten.«

Während ich sie noch verwirrt anstarre, teilt sie uns mit, dass sie als ersten Aufguss eine Zedern-Koriander-Rezeptur ausgewählt habe, versehen mit einem Hauch von Orangenblüten, später komme dann eine Mischung aus Chai-Tee mit Ingweressenz, dann natürlich Salz und Honig (bitte entweder oder, nicht beides), danach eine Eisabkühlung, und dann würde es noch mal so richtig heiß mit Chili-Eukalyptus. Nun gehe es los, und wir hätten zu schweigen und sollten uns entspannen.

Ehrlich gesagt, habe ich nicht alles verstanden und will eigentlich Birgit fragen, aber die ist bereits mit entzückt-verklärtem Gesicht in ihr Inneres abgetaucht, Augen zu, sieht und hört nichts mehr. Agnetha hat mit einem Ausdruck äußerster Konzentration die Kelle in den Holzeimer getunkt und besprengt nun die Kohlen. Es dampft, zischt, wird kochend heiß. Dann nimmt sie ein Handtuch und beginnt eine Art Tanz um den Ofen herum, wobei sie das Tuch wie eine Fahnenschwenkerin durch die Luft zieht. (Luft? Welche Luft? Der heiße Windstoß, der mich erreicht, verbrennt mir fast die Lunge.) Und das soll erst der Anfang von dem Aufguss sein? Ist das wirklich gesund? Bartholomäus-Therme – ich hätte es wissen müssen! Bartholomäus war der Märtyrer, dem man bei lebendigem Leib die Haut abgezogen hat. Das ging im gekochten Zustand sicherlich besser ... Nein, ich bin nicht wirklich entspannt. Wäre jetzt lieber bei Hugo.

»Ähm«, frage ich in die Stille hinein, »wie lange dauert das denn insgesamt?«

Schlagartig wird es kühl um mich herum, ich spüre die eisigen Blicke meiner Stammesgenossen, die ich aus ihrer Andacht gerissen habe.

Agnetha sagt mit sanftem Tadel in der Stimme »schhh« und schaut mich stirnrunzelnd an.

»Du hättest besser zuhören sollen«, sagt ihr Blick, der überhaupt nicht sanft ist. »Am besten gehst du ganz schnell raus, du Weichei.«

Nein, das will ich nun doch nicht, wie stehe ich denn dann da vor den anderen? Ich kauere mich zusammen und versuche, andächtig, souverän und entspannt auszusehen. Das ist nicht ganz einfach, wenn man selbst splitternackt, krebsrot und schwitzig ist, während die Hohepriesterin vor einem einen makellosen, ebenmäßigen Körper ohne Rötung, Schwellung und Schweißtropfen in einer aparten Toga vorzuweisen hat.

Agnetha hat inzwischen ihren rituellen Tanz wieder aufgenommen, und ich bemühe mich, nicht mehr aufzufallen und irgendwie zu überleben. Als die Töpfe mit Honig und Salz gereicht werden und wir uns leise grunzend gegenseitig den Rücken damit einschmieren, fängt die Sache sogar an, mir zu gefallen. Hat ja doch etwas Erdendes, Archaisches, das Ganze – man befindet sich wirklich außerhalb jeder Alltagserfahrung, genauso, wie Birgit gesagt hat. Ich war noch nie völlig mit Honig beschmiert, höchstens ein bisschen, nach dem Frühstück.

Nachdem wir uns in ein großes Fassbecken mit Eisstückchen gesetzt haben und nun auf einer Liege mit kuscheliger Wolldecke liegen, kommt tatsächlich die Entspannung. Herrlich, jetzt ein wenig schlafen ...

»Was willst du als Nächstes?«, flüstert Birgit von der Nebenliege. »Gleich ist der Früchteaufguss, wir können den aber auch ausfallen lassen, wenn du dich lieber ausruhen willst.«

Ausruhen wäre schon ganz schön, aber das kann ich auch zu Hause. Und ich habe viel Geld bezahlt. Der Salz-Honig-Aufguss war jedenfalls, so im Nachhinein bei frischer Luft betrachtet, toll, und Agnetha ist ein wesentlich ästhetischerer Anblick als Hugo, das muss ich zugeben. Ich will jetzt nichts mehr verpassen.

Früchteaufguss – reibt man sich da mit Pfirsichmus ein, für eine schönere Haut? Auch hier müssen wir schon zehn Minuten vorher rein, sonst gibt es nur noch die heißen Sitzplätze. Diesmal bin ich routinierter und ergattere für uns eine untere Bank. Der Raum ist aus hellem Holz, es gibt ein Panoramafenster, und man kann beim Rausgucken versuchen, sich einzubilden, dass es gar nicht so heiß ist – ist es aber.

Unser Zeremonienmeister heißt Sven, und er trägt schicke, blaue Bermudashorts und einen Waschbrettbauch. Er hat uns eine Essenz aus Mango-Maracuja mitgebracht, will aber im Verlauf des Aufgusses in die Kräuter- und Gewürzecke wechseln und uns zum Schluss mit Lemongrass, Kardamom und einer Prise schwarzem Pfeffer einheizen. Auch er tanzt ein paar Runden mit dem Handtuch, allerdings ist er in seinen Bewegungen ein wenig eckiger und verbissener als Agnetha; das Ganze erinnert eher an eine Karate-Übung. Einmal muss ich mich ducken, weil das nasse Handtuch haarscharf an meinem Gesicht vorbeizischt. Dann wird ein Tablett mit Früchten herumgereicht, die nicht zum Einschmieren, sondern zum Essen bestimmt sind. Lecker sehen sie aus, kleine Spießchen mit Ananasstücken, Weintrauben, Pfirsich ... Allerdings wird das Tablett immer leerer, wir sitzen ganz hinten, und nun werde ich etwas nervös, drei Sitze vor mir ist dann das letzte Spießchen vertilgt. Ich überlege gerade empört, ob ich mich beschweren soll, als Sven mir ein zweites Tablett vor die Nase hält. Die Früchte schmecken hervorragend, ich reiche das Tablett weiter, dann schwebt es wieder Richtung Tür ... Und ich sehe, dass die da vorne tatsächlich noch ein zweites Mal nehmen. Alle stammessolidarischen Gefühle, die ich vorhin beim gemeinsamen Rückeneinreiben noch verspürt habe, sind wie weggeblasen. Das nächste Mal werde ich noch eher kommen und vorne sitzen, das nehme ich mir fest vor.

Birgit und ich liegen auf den Entspannungswasserbetten, ich fühle es leise bei jeder Bewegung glucksen und seufze wohlig. Wie schön wäre es jetzt, ein wenig zu schlafen – aber der Birken-Aufguss ist in 20 Minuten. Außerdem ist in 70 Minuten der nächste Früchte-Aufguss, den will ich schließlich auch nicht verpassen, jetzt weiß ich ja, worauf es strategisch ankommt. Wenn der nicht wäre, hätte ich den Birken-Aufguss in 90 Minuten nehmen können, obwohl es dann schon arg schwierig würde mit der Gesamtzeit, gemütliches Duschen und Eincremen wäre dann nicht mehr drin, Haarewaschen auch nicht. Also muss ich mich wohl oder übel jetzt aufraffen und mir einen Sitzplatz im russischen Banjahäuschen ergattern. Mir ist ein wenig schlecht. Birgit schläft.

In der Banjahütte ist es nass. Der Hüttenmeister heißt Klaus, er trägt rote Shorts und dunkle Locken und hat uns neben einer Pollenmischung von Ringelblumen und Gräsern ein paar Birkensträucher mitgebracht, die er immer wieder ins heiße Wasser tunkt, um uns (nicht die Kohlen) damit zu besprengen. Die weibliche Gestalt neben mir beginnt zu niesen, röchelt »Heuschnupfen« und flüchtet. Schnell mache ich mich so breit wie möglich. Inzwischen habe ich begriffen, dass man sich hier in der Saunawelt seine Wellness aktiv holen muss – jeder für sich, sonst wird sie einem weggeschnappt. Danach springe ich ins Eisfass und kehre zurück zu Birgit. Sie schläft immer noch.

Hatte sie nicht etwas über Farbtherapie erzählt? Ich finde die entsprechende Sauna im Obergeschoss, sie ist ganz leer, ich liege und warte auf die anderen, aber es kommt keiner. Es ist auch nicht richtig heiß, aber alle paar Minuten wechselt die Beleuchtung, das soll das Gemüt beruhigen und positiv stimmen. Ist auch nötig, denn ich fühle mich einsam, weder Sven noch Agnetha noch Klaus lassen sich blicken, und die Farben helfen mir auch nicht weiter. Rot ist noch ganz nett, aber als ich meinen Körper bei Grün betrachte, beschließe ich raus zu gehen – dieses bleiche, schwabbelige Etwas bin ich nicht!

Meine Stimmung ist mies, jetzt könnte ich etwas Leckeres vertragen, also noch mal los in den Früchte-Aufguss, den schaffe ich gerade noch. Ich komme zu spät für einen guten Platz, hocke ganz hinten und ganz oben, aber dafür kriegt auch keiner mit, dass ich von dem zweiten Tablett gleich drei Spießchen nehme … Bin etwas versöhnt und überlege, ob ich den Sauna-Tag mit einem gemütlich-solidarischen Rückenkratzen in der Stammeshöhle abschließen soll, eben hatte ich ja Honig, dann könnte ich jetzt noch Salz ... so als Peeling-Effekt ... Birgit schläft, und ich schlüpfe gerade noch vor Agnetha durch die Tür.

»Macht Platz«, zische ich und quetsche mich im Dunkeln brachial zwischen die Leiber auf der untersten Stufe. Sie grunzen und murren, rücken aber zur Seite. Bei unseren Vorfahren war das auch nicht anders, es muss Alphaweibchen geben, das ist der Lauf der Welt. Und inzwischen habe ich gelernt, für meine Wellness zu kämpfen. Ich habe den Eindruck, das Agnetha mich anerkennend mustert. Als die Zeremonie beendet ist, bleibe ich noch extra lange sitzen und schwitze weiter. Von wegen Weichei! Außerdem ist mir so schwindelig, dass ich kaum aufstehen kann. Das Eisfach, quatsch, Eisfass spare ich mir diesmal und taumle in den Entspannungsraum. Birgit räkelt sich und gähnt zufrieden.

»Ach, waren wir mal wieder gesund«, sagt sie. »Komm, die Zeit ist um, wir machen uns fertig.«

Ich bin entsetzt. Nein, das geht doch nicht! Was ist mit der osmanischen Sauna, da war ich noch nicht! Außerdem bietet Klaus jetzt in einem Extra-Tee eine Tasse russischen Aufguss an, äh, das heißt, egal, das hat mir ein Stammesgenosse zugeraunt, da kann ich doch nicht einfach ... Die können doch nicht ohne mich ...

»Wir können ja noch essen gehen«, plappert Birgit weiter, »ich habe Hunger.«

Hunger, weiß nicht, mir ist schlecht, obwohl, etwas

Leichtes, Früchte oder so, ich könnte Sven ein Tablett klauen, während er mit dem Handtuch tanzt, und mich damit im römischen Bad verschanzen, hihi, da findet mich so schnell keiner, bei den Dampfschwaden ... Und da war ich auch noch nicht ... Hab Kopfweh, vielleicht sollte ich etwas trinken, in der Erdsauna ist jetzt Eistee-Aufguss ...

Birgit ist zu den Umkleiden marschiert, habe keine Kraft zu widersprechen, schleppe mich hinter ihr her, langer Gang, upps, das war eine Palme. Wenn ich es mir recht überlege, will ich eigentlich doch nichts essen, ich möchte jetzt eigentlich nur noch hier liegen bleiben und das Marmormuster im Fußboden studieren. Das Licht ist gedämpft, ich höre leise Klaviermusik und Wasserrauschen. Die Vögel singen. Schön.

*

Jutta Wilbertz studierte Diplomtheaterwissenschaft in Gießen und absolvierte zusätzlich eine Schauspiel- und Gesangsausbildung in Rom und Köln. Sie ist Autorin, schreibt Kurzkrimis und Chansons und tritt regelmäßig mit eigenen Bühnenprogrammen auf. Lebt und überlebt mit Mann, Tochter, Hund in Köln. www.wilbertz-kunz.de · www.jutta-wilbertz.de

Rollern, Woggen, Aquajoggen – was will ich, und wenn ja, warum?

Marlis Büsching

Ich komme jetzt in das gewisse Alter. Von dem ich früher dachte: Nu is der Spaß vorbei. Isser aber gar nicht! Dennoch, manches ist anders als früher. Damals war es mir völlig egal, wie sehr meine Haare beim Baden nass wurden. Als Fast-Endvierzigerin gehöre ich bald der Best-Age-Generation an. Deren weibliche Vertreterinnen – häufig zu beobachten – mit herausragenden Hälsen ihre Runden schwimmen, um möglichen Spritzern zum Schutz der Frisur sorgsam aus dem Wege zu gehen. Fehlen nur noch geblümte Rüschenkappen. Um es gleich klarzustellen, so schwimme ich nicht!

Überhaupt habe ich eine neue Technik für mich entdeckt: Ich aquajogge. Die Haare bleiben dabei wie von selbst trocken. Denn der umgeschnallte Auftriebsgürtel hält mich permanent aufrecht im Wasser. Ein bisschen fühle ich mich dabei wie ein Storch im Salat, bei inständiger Hoffnung, dass es nicht so aussieht. Die normalen Schwimmer rechts und links schauen immer leicht irritiert bis interessiert, wenn ich mich merkwürdig senkrecht und scheinbar mühelos durchs Wasser bewege. Die mit Schwimmbrille dagegen sind im Bilde, denn sie können unter Wasser die ungewöhnlichen Stampfbewegungen dieser trendigen Wassersportart genau studieren, die meistens in fröhlichen Frauengruppen reiferen Alters absolviert wird.

Eigentlich ist klar, dass so etwas zum Angriff reizen muss. Während ich erhobenen und noch trockenen Hauptes meinem Körper Bahn für Bahn Gesundes tue, ist das für einen Bengel im Streiche-Alter das Signal dagegenzuhalten. Er platziert eine A...bombe – früher hätte ich das Wort noch hemmungslos ausgesprochen – direkt hinter mir. Zunächst bemerke ich die Arglist nicht, nur etliche Spritzer an meinen Hinterkopf. Die Empörung baut sich langsam in mir auf. Erst das schadenfrohe Lachen des Bombers gibt mir vollständige Gewissheit: Das war ein Anschlag! Ich schaue in die Richtung des Frevlers und frage mit strenger Miene – ich war mal Heimerzieherin – »Muss das sein?« Mir fällt nicht ein, was ich noch Beeindruckendes sagen könnte, ich war auch schon mal schlagfertiger. Wohl um einer weiteren Rüge vorzugreifen, erklärt er treuherzig: »Entschuldigen Sie, ich wollte Sie nicht versenken!«

Das Wort »versenken« kenne ich nur in Verbindung mit Schiffen – habe ich etwa Ausmaße eines solchen? Unerhört, dieser Rotzlöffel! Aber ich lasse mich nicht provozieren. Außerdem hat das verschmitzte Lachen in den Augen dieses Blondschopfes doch seine Berechtigung, schließlich ist diese Woche schulfrei, und es herrscht beste Ferienlaune. Und einen Jungen, der sich entschuldigt, findet man heute auch nicht mehr alle Tage. Scheint im Grunde ein guter Junge zu sein. Kein Egoshooter oder Counterstriker, nur ein harmloser Schiffeversenker.

Jetzt muss ich den Hals nicht mehr recken, die Haare sind nass, die Unversehrtheit der Frisur dahin. Wollte ich heute noch jemanden betören? Muss mal kurz nachdenken. Mir fällt niemand ein, für den sich das lohnen könnte. Vielleicht eine falsche Einstellung. Man kann ja nie wissen, wem man unverhoffter Dinge plötzlich gegenübersteht. Mit patschnassen Haaren fühle ich mich gleich viel jünger. So wie damals, als ich mich noch nicht so angestellt habe wegen ein paar Spritzern. Als ich den ohrenbetäubenden Krach noch nicht als solchen empfand, sondern als mitreißende Geräuschkulisse täglichen Badespaßes. Als ich noch zum Baden ging, statt zum Schwimmen oder gar zum Aquajoggen. Als ich noch lustvoll vom Beckenrand sprang, statt gesundheits- und figurbewusst abgezählte Runden zu drehen. Als ich geduldig mit 40 Pfennig in der Hand für Lakritz und Lolli anstand, anstatt kraftvoll in einen Bio-Apfel zu beißen.

Ich schaue in Richtung 3-Meter-Turm. Es ist besser, die übermütige Bande im Auge zu behalten. Immer noch das gleiche Bild wie damals! Zwei Mädchen, aber mindestens zehn Jungen, drängeln sich in luftiger Höhe, um sich einer nach dem anderen todesmutig hinunterzustürzen. Formschön mit Haltung oder hemmungslos verrenkt, geräuschvoll und wasserverdrängend. Nicht ohne sich gebührend umzuschauen, wie viele ihnen gerade dabei zuschauen. Nicht ohne sich zuzuschreien: »He, schaut her, was ich jetzt mache!« Dabei machen sie alle immerzu das Gleiche. Den Bombensprung mit dem Allerwertesten.

Ob ich mich noch traue, was die sich trauen? Wie viele Jahre ist es her, dass ich ebenfalls ohne Zögern und mit Wonne einen exzellenten Hechtköpper machte? Mit Spannung vom Kopf bis in die Fußspitzen. Und mit Anlauf. Und jetzt? Gerade mal vom Startblock tauche ich gestreckt ins kühle Nass hinein. Der Mut schwindet unmerklich dahin. Brauche ich diesen Kick nicht mehr, diesen Adrenalinschub, den ich als 13-Jährige noch brauchte, und auch noch als 23-Jährige? Die Zeiten ändern sich. Es ist mir Kick genug, mir mit quietschgelber Schwimm-Nudel vor dem Bauch aufrecht einen abzustrampeln.

Als ich 28 war, habe ich mir vorgenommen, jedes Jahr neu mit Anlauf einen Kopfsprung vom 3-Meter-Brett zu machen. Mir wurde damals klar: »Wenn du es nicht jedes Jahr machst, traust du dich bald gar nicht mehr!« Das klappte einige Jahre. Mit zunehmender Überwindung. Schleichend unterblieb der Anlauf, dann habe ich mich noch stehend mit Schwung vom Brett gestürzt, dann ohne Schwung, zuletzt im Sitzen vornüberfallend wie ein Sack Kartoffeln. Da ist man dem Wasser schon einen Meter näher. Irgendwann unterblieb auch das.

»Du musst das nicht mehr machen«, sagt mein Vater. »In deinem Alter.« Er muss es wissen, er ist 82. Ich bin beruhigt. Schade ist es trotzdem, dass einen im Laufe der Jahre der Mut verlässt. Und der Ehrgeiz. Und die Ausdauer. Früher habe ich nicht nur das 3-Meter-Brett für die Erprobung meines Mutes und zum Austoben gehabt. Ich bin auch wie selbstverständlich

1000 Meter geschwommen. Nicht einfach nur so. Nein, auf Zeit. In weniger als einer halben Stunde. Es fiel mir leicht, mich zu motivieren. Es schwamm sich wie von selbst. Kraulen, Brust, Rücken, Delfin. Immer im Wechsel. Dann Kraulen ohne Beine, Rücken ohne Arme, Kraulbeinschlag ohne Arme, Brust ohne Beinschlag, kräftig ins Wasser prustend. Heute zähle ich keine Bahnen mehr und schaue nicht mehr auf die Uhr. Zeit nehme ich mir und schwimme – ohne ins Schnaufen zu geraten – so lange ich lustig bin. Es gilt, keinen Wettkampf mehr vorzubereiten, keine persönliche Bestzeit mehr zu unterbieten, keine begehrte Abiturnote im Prüfungsfach Sport herauszutrainieren.

Wo bleibt die Herausforderung? Es gibt sie noch, aber anders. Irgendwie relaxter, gesünder, kreativer. Zum Beispiel denke ich mir neue Schwimmarten aus. Es sieht ja keiner: So wie bei Monty Python's Flying Circus, die in ihrer englischen Comedy-Show das Ministerium für außergewöhnliche Gangarten vorstellten. Zum Schreien komisch, was die sich für verrückte, verrenkte Gehvarianten ausdachten: raumgreifend, schlaksig, abgehackt. Und das nun im Wasser. Bewege mich wie ein Krake in alle Richtungen, drehe gleichzeitig Arme und Beine, beuge den Körper nach vorne und erhalte mal von der einen oder anderen Bandscheibe einen kleinen Gruß. Schwebe phantasievoll als Oktopus durchs Wasser, genieße die Fast-Schwerelosigkeit. Recke mich und strecke mich, nenne es »Wohlfühlräkeln« oder »Hüftgoldwedeln«. Nun ja, zur olympischen Disziplin wird es wohl keine meiner verrückten

Bewegungsarten schaffen. »Haben Sie einen Krampf, brauchen Sie Hilfe?«, fragt mich ein besorgt aussehender Herr mit hektisch hochgeschobener Schwimmbrille. Er hat mich wohl beim Hüftgoldwedeln beobachtet. »Nein, es geht schon.« Dass ich gerade neue Schwimmarten erfinde, verrate ich nicht. Bleibt mein Geheimnis, zukünftige Patentrechte möchte ich ganz für mich beanspruchen.

Ich sehe also unmöglich aus, wie ich mich hier unnormaler Schwimmtechniken bediene? Mir doch egal. Es macht mir ja auch nichts aus, wenn ich mich auf meinem Roller durch die Straße bewege und mich dabei vor allem die Kinder verständnislos ansehen, während mir Ältere meistens begeistert und leicht neidvoll zublinzeln. So groß ist die und fährt immer noch Roller, scheinen die Kleinen zu denken. Oder, dass sie selbst besser zu dem knallroten Gefährt passen als ich, eine fast Fünfzigjährige.

Welcher Sportart sind Sie gewogen? Dem Walken, dem Wandern, dem Woggen, einer geschwindigkeitsreduzierten Übergangstechnik zum Joggen? Nordic Woggen? Gibt's noch nicht, auch keine Woggingstöcke, diese unsäglichen Begleitutensilien des Nordic Walking. »Schrap Schrap!«, diese Sportart ist hörbar, ehe sie sichtbar wird.

Es gibt eine überraschend neue Art sich zu bewegen, vielen Menschen gänzlich unbekannt. Ich habe sie erst vor kurzem entdeckt. Sie ist faszinierend, spannend, sinnlich. Sie hat zwar nicht das Zeug zur Trendsportart und braucht keine Geräte – ganz im Gegenteil: Namenlos, bescheiden, ja fast ärmlich kommt sie daher. Wie sie funktioniert? Wandernd auf kleinen Pfaden durch den Wald – barfuß.

*

Marlis Büsching ist Diplom-Heilpädagogin und arbeitet freiberuflich als Autorin und Journalistin, u. a. als Redakteurin für die Herrnhuter »Losungen für junge Leute«. Als Dozentin für Spielpädagogik an der CVJM-Hochschule Kassel hält sie Workshops in Pantomime und Schwarzlichttheater. Wenn sie nicht schreibt, spielt, mimt, paddelt oder reitet, genießt sie ihren Garten im nordhessischen Kaufungen.

Willkommen in der Wohlfühlhölle

Mimi Messner

Kombucha im Selbstversuch: »Kombucha. Reinigt und erfrischt deinen Körper. Deine Seele.« Meine Seele. Aha. Na dann mal los ... Ich trinke (selbst auf die Gefahr hin, dass meine Seele bei dieser Reinigung Schaden nehmen könnte). Kein Alkohol. So viel ist schon mal sicher. Schade eigentlich.

Nichts passiert. Ich fühl mich total normal. Entweder war meine Seele vorher schon sauber, oder es hat nicht gewirkt. Auf der Rückseite der Flasche ist zu lesen: »Seit jeher Bestandteil der asiatischen Lebenslehre des Zen, wird das Getränk für seine ausgleichende Wirkung auf Körper und Seele geschätzt. Diese kann jedoch nicht vollauf erklärt werden.« Ach so.

Sie tragen weiß, sie sind gesund, sie haben ein zufriedenes Lächeln auf den Lippen (fast möchte man von einem debilen Grinsen sprechen), sie machen Yoga (selbstverständlich, jeden Morgen, schon vor dem Aufstehen), haben ihre Wohnung nach Feng-Shui-Prinzipien eingerichtet und ihren Partner beim Meditationskurs kennengelernt.

Ommm.

Sie trinken keinen Alkohol, rauchen nicht, ernähren sich bewusst und probiotisch im Gegensatz zu unbewusst und vollidiotisch, fühlen sich *irgendwie* dem Buddhismus nahe und fahren – natürlich! – einen Hybridwagen.

Ommm – nein: Brummm.

Sie kuscheln in flauschigen, übergroßen Kaschmirpullis und entspannen in geschmeidigen Relaxhosen aus ökologischer Baumwolle, sie sind »nude« geschminkt, also im Grunde »nicht«, und schauen dich an als wollten sie fragen: Atmest du ein oder schon aus? Die neuen Gesichter der Werbung.

Was bitte ist da los?! Was läuft da gerade schief?! Wo sind die coolen Typen, die Rauhbeine, die leicht verschwitzten, leicht verdreckten, muskelbepackten Davidoffs der 90er-Jahre mit den dazugehörigen Frauen – halb Prinzessin, halb Schlampe – auf jeden Fall heiß, scharf, ein bisschen undurchschaubar und ein bisschen gefährlich, den Kajal leicht verschmiert und die Haare leicht zerzaust? Sie, auf die wir uns verlassen konnten, sie, die uns immer (und natürlich ungefragt) sagten, was wir brauchen, um attraktiver, erfolgreicher, dynamischer und – natürlich und vor allem – erotisch anziehender für das andere Geschlecht zu sein. Ganz egal, ob es sich dabei um Parfum, Mode oder ein neues Auto handelte, die Botschaft war im Grunde immer die gleiche, zeitlose, kulturübergreifende: SEI SEXY!!!

Doch die Botschaft hat sich offenbar geändert.

Was für eine seltsame Gehirnwäsche müssen diese armen Kreaturen der kostenlosen Lebensberatung durchlaufen haben, dass sie plötzlich fast schon messianisch nur noch eines im Sinn haben: Dass wir uns gefälligst *wohlfühlen.* Ja. *Wohlfühlen.* Und zwar sofort. Wir sollen uns auf der Stelle mal so richtig entspannen. Wir sollen gesund, zufrieden und harmonisch sein. Weichgespült. Ruhiggestellt. In »Balance«. Na toll.

Sie grinsen uns extrem gut gelaunt und total entspannt von übergroßen Plakaten an (strahlend schön und porentief rein dank moderner Bildbearbeitung) und halten in der Hand einen Körner-Harmonie-Toast. *Körner-Harmonie-Toast?!* Was bitte muss in so einem Toast drin sein, dass der wirkt? Extasy? Valium? Oder eine kleine Dosis Ritalin? Warum muss ein Toast dafür sorgen, dass ich harmonisch bin? Kann ein Toast nicht einfach nur frisch, lecker, oder gut, von mir aus sogar *toasty* sein? Und warum soll ich überhaupt frühmorgens schon *harmonisch* sein? Schließlich muss ich morgens erst mal wach werden, bevor ich daran denken kann *harmonisch* zu sein ... Aber nach einem »Wake-up Toast« sucht man in der Brot- und Cerealien-Abteilung vergebens.

Stattdessen gibt es:

Extra Harmonie Müsli Knusper Schoko, für die *harmonischen* Momente im Leben,

Extra Vital Müsli Knusper Frucht, für die *anregenden* Momente im Leben und

Extra Aktiv Müsli Knusper Pur – ohne Rosinen, für die *aktiven* Momente im Leben.

Das ist mir eindeutig zu viel Information vor dem Frühstück. Woher soll ich denn jetzt schon wissen, was für ein *Moment* mein Frühstück nachher sein wird, wo genau der Unterschied zwischen *anregend* und *aktiv* liegt, und vor allem – wenn ich nun aus Versehen doch eine Rosine erwische – fällt mein Energielevel dann zurück auf null?

Die Krönung der Müslis nennt sich jedoch allen Ernstes *»Schoko Wellness Müsli Body and Soul«*. Das muss man sich mal auf der Zunge zergehen lassen. Also den Namen. Haferflocken, die nicht nur meinem Körper Gutes tun, sondern ganz nebenbei auch noch meine Seele retten (wahrscheinlich kann jedoch, wie bei Kombucha, die Wirkung nicht vollauf erklärt werden ...). Und ich Anachronistin glaubte bisher, für die Rettung meiner Seele sei die Religion zuständig.

Aber wohl wahr, inzwischen kann man bei diesem ganzen Wellness- und Wohlfühlwahnsinn vielleicht auch schon von einer Art Religion sprechen – bei der das Ziel jedoch nicht Erleuchtung, sondern Entspannung heißt, und um dieses Ziel zu erreichen, wird nicht gebetet, sondern gekauft. Konsum statt Kommunion. Moderner Ablasshandel. Und als Hostie gibt's ein Lachgummi. Aber eins ohne Zucker. Schon klar.

Aber das Schlimmste sind die Tees. Es gibt für und gegen alles den passenden Tee. Glückstee, Frauen Power Tee, Klarer Geist Tee, nur Geist Tee, Aura Tee, Grüner Engel Tee, Ruhe Tee, Abend Tee, Frauen Fitness Tee, Frauen Balance Tee und seit neuestem endlich auch: *Männer Tee!* »Rinden prägen den Geschmack dieses Tees. Er hilft Mann (und bisweilen auch Frau) mit beiden Beinen auf dem Boden zu stehen. Kreativität, Vitalität und die Fähigkeit, effektiv zu handeln.« *Männer Tee?!* Haben Sie einem Mann schon mal ohne sein

Wissen einen *Frauen Tee* serviert und anschließend irgendwelche Veränderungen an ihm wahrgenommen? Wollte er plötzlich mit Ihnen »Desperate Housewives« anschauen? Oder fand er den Boxkampf, auf den er sich eben noch so gefreut hatte, plötzlich grausam und primitiv?

Ommm.

Trinke Tee gegen den Lärm der Welt. Trinke Wohlfühl Tee, am besten *to go*, und der Lärm ist dein Freund, der dich überallhin begleitet ... Und auf den Pappbechern steht nicht mehr: »Vorsicht, heiß!«, sondern: »Nur in entspannter Atmosphäre genießen – sonst wirkt's nicht!«

Schokolade kauft man heutzutage nicht mehr, weil sie gut schmeckt, sondern nur noch wegen des Glückshormons, gegen die Depressionen, die einen ereilen, wenn man wieder mal ein paar Kilo zugenommen hat. Macht Sinn. Man nimmt ein Rosmarin-Wohlfühl-Bad, wenn man sich wohlfühlen möchte, und ein Lavendel-Entspannungs-Bad, wenn man sich – genau – entspannen möchte. So einfach ist das. Und wer keine Badewanne hat, braucht trotzdem nicht traurig zu sein, denn es gibt ja auch Duschgels, Duftöle, Räucherstäbchen, Aromatherapien, Yoga-DVDs, Meditationsmusik und, nicht zu vergessen, den neuen Wellness-Kaugummi »balance«. Dass Kaugummikauen Stress reduziert, wussten wir zwar schon vorher, aber »wohlfühlen« durch Kauen, also wohlkauen, das ist neu. Ebenso wie der Papaya-Aloe-Vera-Geschmack.

Ich seh's schon kommen – irgendwann bekommt

man nicht mal mehr seinen Wodka ohne Kombucha drin ... Mir kommt's gleich zu den Ohren raus.

So ist das also. Von heute auf morgen nicht mehr Fun, Action, Satisfaction, sondern Wellness, Balance und Spa. Schaut man sich die momentanen Strategien der Werbung an, oder sagen wir besser, den konsumorientierten Zweig der Selbsthilfeindustrie, könnte man meinen, wir bewegen uns auf direktem Weg von der Spaßgesellschaft in die Wohlfühlgesellschaft. Von der wilden Tigerlily der 90er zur Kaschmirkuschelmaus des 21. Jahrhunderts. Na danke...

Wo früher James-Dean-Imitate lässig an der Wand lehnten, steht heut ein Yogi und macht den Baum. Denn sie wissen, was sie tun – und danach kommt Kopfstand.

Nichts gegen Kopfstand, aber ich will nicht immer nur Tee trinken und Müsli essen und harmonisch sein! Allein der Gedanke macht mich latent aggressiv. Ich will auch mal so richtig schlecht gelaunt, total mies drauf, wütend, genervt, völlig aus der Bahn, vollkommen disharmonisch, stinksauer und auf 180 sein. Was nützt eine Versöhnung ohne den Streit davor?

Ich will mich auch mal danebenbenehmen dürfen, ohne dass es aus jeder Ecke gleich »Ommm« tönt, ich will ab und zu mal feiern bis zum Abwinken, den nächsten Tag im Bett mit schlechten Serien verbringen und wissen: »Bald ist alles wieder gut!«, denn nichts macht einen so glücklich wie der erste frische Morgen nach einem überstandenen Katertag ... Ich möchte hiermit nicht zum zügellosen Alkoholkonsum aufrufen, aber seien wir doch mal ehrlich, kein Wohlfühltee der Welt kann es mit einem guten Glas Rotwein aufnehmen.

Das einzige Wohlfühlprodukt, das diesen Namen verdient und sich laut Hersteller deshalb selbst als *Volksarznei, Universalheilmittel* und *Fels in der Brandung* bezeichnet, ist »Klosterfrau Melissengeist. Lindert, harmonisiert und stabilisiert.«Und da steht hinten drauf nichts von wegen »die Wirkung kann nicht vollauf erklärt werden«, da steht nur ein kleiner Warnhinweis: »Dieses Arzneimittel enthält 79% Alkohol.« Die haben's kapiert.

Gestern stand ich vor dem Schaufenster von Tchibo und las: »Das Glück in dir. Ausgewählte Produkte zum Wohlfühlen und Entspannen.« Ich ging hinein und fragte die Verkäuferin, ob sich das »Hot Stone Entspannungsset« auch zum Steinewerfen eigne, ich wäre gerade auf dem Weg zu einem Seminar mit dem Titel: »Willkommen in der Wohlfühlhölle – Lerne in 14 Tagen glücklich zu sein, ohne zu üben und gegen deinen Willen!«

*

Mimi Messner wurde in Freiburg im Breisgau geboren und lebte von 1995 bis 2009 in Berlin, wo sie als Tänzerin, Kabarettistin und Choreographin tätig war. Ihre Spezialität ist die Verbindung von Tanz und Kabarett. Seit 2010 absolviert sie in ihrer Heimatstadt ihr Referendariat als Deutsch- und Sportlehrerin und beehrt die offenen Bühnen der Stadt mit ihren selbstgeschriebenen Liedern.

Die Wahrheit über König Blaubart

Annekatrin Warnke

Dieses französische Märchen wurde über Jahrhunderte falsch erzählt. Aber so ist das halt mit Märchen. Später muss man sich redlich mühen, um den wahren Kern herauszuschälen. Die Geschichte besagt, König Blaubart habe mehrere Frauen geheiratet, dieselbigen dann nacheinander im Blutrausch erdolcht und an der Decke eines geheimen Raumes aufgehängt.

Neuesten Forschungen zufolge hat Blaubart tatsächlich so sechs bis sieben Mal geheiratet. Aber er hat seine Gattinnen dann nicht eigenhändig abgemurkst. Vielmehr sind sie an Lebensunlust eingegangen. Doch der Reihe nach.

Zunächst gilt es festzuhalten, dass Blaubart keineswegs der sadistische, bösartige Mensch war, als den der Volksmund ihn darstellt. Er war ein ganz normaler Mann, der nur einen ganz normalen Wunsch hegte – eine pflegeleichte Ehefrau zu haben. Blaubart schätzte Gemütlichkeit und legte auf seinem Lieblingsdiwan gerne die Beine hoch. Dabei konnte er stundenlang dem Spiel der Flammen im Kamin zuschauen. (Parallelen zu modernen Sofakartoffeln sind nicht gewollt, aber Fakt.)

In der häuslichen Tochter eines befreundeten Fürsten glaubte Blaubart eine verwandte Seele erkannt zu haben. Nach kurzer Bekanntschaft heiratete er sie.

Aber ach – Sieglinde entpuppte sich so ganz anders, als Blaubart es sich vorgestellt hatte! Sie war voller Elan, Power und Ehrgeiz, lauter Eigenschaften, die in ihrem Elternhaus unterdrückt worden waren. Nun kamen sie mit Macht zum Vorschein, und Sieglinde entwarf Pläne, um die Grenzen des kleinen Königreiches auszudehnen und die Landwirtschaft der Pächter ertragreicher zu gestalten. Ständig zog sie Vergleiche zu den größeren, erfolgreicheren Nachbarländern und trieb Blaubart an, Ziele und Visionen zu entwickeln.

Der hatte nun gar keine Lust dazu. Er war zufrieden mit seinem einfachen, aber bequemen Leben, und die ehrgeizige Sieglinde wurde mehr und mehr zu einem Stachel in seinem Fleisch. Sie wollte partout nicht einsehen, dass sie ein Problem hatte. Eines Tages wurde es ihm zu bunt. In seiner Verzweiflung trieb es ihn in den Wald, wo er die alte Kräuterhexe um Hilfe bat. Es musste doch eine Möglichkeit geben, sein Eheweib ruhigzustellen! Die Hexe hörte seine weinerlichen Klagen und nickte verständnisvoll. »Wenn Frauen keine Probleme haben, dann muss man ihnen halt welche einreden«, krächzte sie und verzog ihre schmalen Lippen zu einem bösartigen Grinsen. Dann verschwand sie in der dunkelsten Ecke ihrer schmutzigen Hütte. Blaubart hörte das Quietschen einer Schranktür und das leise Murmeln ihrer unheimlichen Stimme. Staubbedeckt trat sie wieder zu ihm und drückte ihm drei Bücher in die Hand. »Wenn sie die gelesen hat, wird sie eine andere sein«, kicherte sie, ging zurück in ihre Hütte und schloss die Tür.

Die drei Bücher waren Ratgeber mit folgenden Titeln: »Neid schafft Leid«, »Schick den Neid in die Wüste« und »Sei kein Frosch – werd nicht grün!«. Blaubart machte sie seiner Frau zum Geschenk und verkaufte sie ihr als ermutigende Lebenshilfe. Nun – Sieglinde konnte Ermutigung gut gebrauchen, weil sich ihr Gatte so gar nicht von der Stelle bewegte. Und sie begann zu lesen. Wie es die Hexe prophezeit hatte, so geschah es. Sieglinde, die bisher ihren Ehrgeiz für durchaus gesund befunden hatte, kam durch die Lektüre zunächst ins Grübeln, dann ins Zweifeln, und zum Schluss wollte sie sich mit Gewalt ändern. Bei diesem Versuch schwand erst ihre Lebenslust und dann ihre Lebenskraft. Am Ende war sie tot.

Endlich konnte Blaubart die Zeit auf seinem Diwan wieder in Ruhe genießen. Eine Weile tat er das auch ausgiebig, aber auf Dauer war es doch ein bisschen langweilig, immer nur den Flammen im Kamin beim Knistern zuzuschauen. Er fing also wieder an, auf Freiersfüßen zu wandeln. Seine Wahl fiel auf die dicke Trude, eine Prinzessin aus dem westlichen Nachbarland. Diesmal hatte er sich aber mehr Zeit genommen, um seine künftige Braut kennenzulernen. Dass sie gerne aß, sah man ja schon. Sie war genauso unsportlich wie er, liebte es, die Füße hochzulegen, und besaß ein ansteckendes Lachen. Alles passte perfekt zusammen, und so hielt er um ihre Hand an. Von der riesigen Pralinenschachtel, die er ihr verehrte, war sie so angetan, dass sie sofort »Ja« sagte.

Eine Weile ließen die zwei es sich richtig gut gehen

auf Blaubarts Schloss. Sie hatten viel Spaß miteinander, fütterten sich den ganzen Tag mit Leckereien und feierten legendäre Partys. Irgendwann aber bemerkte der König, dass sein Eheweib ihn teuer zu stehen kam. Zum einen brauchte sie ständig neue Kleider, weil sie dicker und dicker wurde. Außerdem verstand sie es nicht, den Haushalt zu führen. Die Dienerschaft wurde immer nachlässiger, der Koch gab zu viel Geld aus, und dauernd ging etwas zu Bruch. Auch die Erträge der Pächter gingen zurück, weil Trude sich um gar nichts kümmerte.

Natürlich stellte Blaubart seine Gattin zur Rede. Die lachte aber nur über seine Vorwürfe. »Wenn du eine Haushälterin haben willst, hättest du eine heiraten sollen«, sagte sie. »Oder du musst eine einstellen. Als du um mich gefreit hast, da wusstest du, dass ich ein Genussmensch bin und in den Tag lebe. Wenn du jetzt nicht mehr damit klarkommst, ist das dein Problem.« Blaubart wollte aber kein Problem – er wollte eine pflegeleichte Ehefrau! Und so ging er abermals zu der Kräuterhexe in den finsteren Wald. Die war gar nicht erstaunt, ihn wiederzusehen. »Habe schon gehört, dass du eine neue Frau hast«, zischte sie und verschwand, um kurz darauf mit drei Ratgebern zurückzukehren, die sie dem König gab. Auch diese Titel klangen hilfreich: »Verdruss kommt von Genuss«, »Mein innerer Schweinehund« und »Lebenslust schafft Ehefrust«. Zunächst reagierte Trude recht ungehalten, als er ihr seine Geschenke präsentierte. »Früher hast du mir riesige Pralinenschachteln verehrt«, nölte sie, »und heute kommst du mit Büchern!« Aber weil sie ihren guten Willen beweisen wollte, begann sie dennoch zu lesen. Und bald erkannte sie, dass sie immer nur gedacht hatte, mit ihr wäre alles in Ordnung. In Wahrheit hatte sie ein massives Disziplinproblem, und ihre Freude am Lachen war bloß ein Verdrängungsmechanismus, um Schmerz und Langeweile ertragen zu können. Trude beschloss, sich mit Gewalt zu ändern. Dabei verlor sie zunächst Gewicht, dann ihren Spaß am Leben, und am Ende war sie tot.

Es dauerte nicht lange und Blaubart warb um eine dritte Frau. Aus Erfahrung klug geworden, suchte er sich Mechthild aus. Die war schlank und aktiv, hatte aber keinerlei Ehrgeiz, auf der gesellschaftlichen Leiter nach oben zu klettern. Leider bemerkte er erst nach der Hochzeit, wie stark ihr Herz für Arme und Rechtlose schlug. Mit großer Leidenschaft konnte sie vor Gästen politische Ungerechtigkeiten anprangern. Dabei konnte sie sich in einen heiligen Zorn reden, was ausgesprochen peinlich war. Außerdem saß sie ihm ständig im Nacken, dass er sich für Witwen und Waisen engagieren sollte. Dazu hatte er keine Lust – wirklich nicht!

Als er zum dritten Mal bei der Kräuterhexe vorstellig wurde, reagierte diese höchst ungehalten. »Bin ich vielleicht eine Stadtbücherei?«, kreischte sie schrill, aber dann kramte sie doch wieder in ihrem Schrank. Auch diesmal fischte sie drei Ratgeber heraus: »Fünf Wege zur Gelassenheit«, »Wohin mit meinem Zorn?« und »Bauchwut tut nie gut«. Mechthild erkannte durch die Lektüre, dass ihre Aggressionen ihre Wurzeln in der

Kindheit haben mussten. Offensichtlich hatten ihre Eltern ihr eingetrichtert, dass sie nur dann liebenswert war, wenn sie brav war. Nun reagierte sie wie ein Kochtopf, der zu lange unter Druck gestanden hatte, und explodierte bei jeder Gelegenheit. Eigentlich hatte Mechthild gedacht, ihre Eltern hätten sie zu einem freien Menschen erzogen, sie ermutigt, ihre Gefühle zu äußern – aber die Bücher sahen das anders. Sie begann, Groll gegen ihre Eltern zu entwickeln, versank in Bitterkeit und Selbstmitleid, und am Ende war sie tot.

Auch mit den Ehefrauen Nummer vier, fünf und sechs hatte Blaubart Pech. Dann geriet er an Rosa. Rosa war ein neugieriger Mensch – und das gerne. Sie wollte sich ständig weiterentwickeln, Neues entdecken, aus Fehlern lernen und nicht im Alltagstrott ersticken. Das entsprach wiederum nicht Blaubarts Vorstellungen einer pflegeleichten Ehefrau. Nie ließ sie ihn in Ruhe auf seinem Diwan sitzen! Aber noch bevor er die Hexe aufsuchen konnte, um das Problem in bewährter Weise zu lösen, entdeckte Rosa seinen geheimen Raum. Ihre sechs Vorgängerinnen, von denen nie jemand gewusst hatte, wo sie abgeblieben waren, lagen dort in Reih und Glied aufgebahrt auf steinernen Podesten. Sie waren mumifiziert und bedeckt von den Ratgebern, die sie erschlagen hatten. Furchtlos stellte Rosa ihren Gatten zur Rede. Und weil sie ihrer Natur treu blieb und pausenlos Fragen stellte, bekam sie auch die Fakten aus ihm heraus. Anschließend suchte sie selbst die Hexe auf. »Sage mir dein Begehr und ich suche die richtigen Ratgeber für dich«, bot die Alte berechnend an. »Nein«, sagte Rosa bestimmt, »meine Ratgeber suche ich mir schon gerne selbst!« Sie schlüpfte in die Hütte, öffnete den quietschenden Schrank, wühlte eine Weile in den Büchern herum und wurde fündig. »Ich brauche nur dieses eine Buch«, verkündete sie der Hexe fröhlich und hielt es ihr unter die Nase. »Wie ich von einer Scheidung profitiere«, so lautete der Titel. Nach der Lektüre schickte Rosa König Blaubart in die Wüste. Aus dem Schloss machte sie eine Eliteuniversität.

Das ist die Wahrheit über König Blaubart – nach dem derzeitigen Forschungsstand, wie gesagt. Und wenn Rosa nicht gestorben ist, dann leitet sie ihre Universität noch heute.

Annekatrin Warnke, geboren 1962 in Iserlohn, machte nach dem Abitur eine Ausbildung zur Reiseverkehrskauffrau. Sie ist verheiratet und hat drei Kinder. Sie schreibt für die Zeitschriften *Ethos, Christsein heute* oder *JOYCE.* Als Referentin, zum Beispiel für Frauenfrühstückstreffen, ist sie in ganz Deutschland unterwegs. Als Dozentin und Autorin unterstützt sie christliche Theaterarbeit. www.drama-ministry.de

Die Urzeitlüge

Nicole Vogel

Sie können mir sagen, was Sie wollen, aber ich vermute, das ganze Dilemma mit der Optimierung unseres weiblichen Daseins hat seinen Ursprung in der Schlange. Ich meine jetzt nicht die, die sich bei Rabattschlachten in der Innenstadt bildet, sondern dieses zischelnde Biest aus der Bibel. Sie wissen schon: Adam und Eva und der Apfel – eigentlich war es ja gar kein Apfel, sondern eine Feige – aber genau hier fängt das Problem schon an. Denn bevor das hinterlistige Reptil auftauchte, ging es Frau und Mann noch super, Paradies pur.

Danach, puh, da wurde es ungemütlich. Der Mann glaubte die Lüge, über seine Partnerin herrschen zu müssen, und die Frau glaubte die Lüge, sie sei nur zweite Wahl gewesen. Bis heute ist das Thema bei Talkshows und Comedyauftritten hochaktuell und macht hyperaktive Berliner Comedians, die die Kluft zwischen den Geschlechtern noch vergrößern, zum Publikumsmagneten. Dabei ist das alles ein alter Hut, allerdings mit einer ausladenden Krempe. Denken Sie mal darüber nach: Wenn Frauen seit jeher glauben, dass sie nur ein Abklatsch des ersten Menschen sind, was macht das mit ihnen – um mal bei der Sprache der Sozialforscher zu bleiben?

Entweder sie finden sich mit ihrer Rolle ab, oder sie kämpfen gegen den vermeintlichen »Prototypen« an. Zumindest, sofern es nicht darum geht, das Überleben zu sichern – denn dann spielt es keine Rolle, wer was wie macht. Oder gab es im Zweiten Weltkrieg ein Magazin mit Rezepten aus Kartoffelschalen? Einen Ratgeber darüber, wie man ein Kleid zwei Jahre lang durchgehend tragen kann, ohne dass es zerreißt? Eine Kampagne, die den Frauen sagte, wie sie sich abends nach dem Abtransport des Schutts für ihre Männer wieder hübsch machen sollen? Und trotzdem: Die Männer, die Helden, die versucht hatten, das Leben zu sichern, wurden gefeiert, ganz gleich, ob sie Sieger oder Verlierer waren – die Leistungen der Trümmerfrauen wurden vergessen. Wieder mal zweite Wahl.

Nach dem Kampf ums Überleben hatte Frau keine Energie mehr zum Weiterkämpfen. Also fand sie sich damit ab, in der zweiten Reihe zu sitzen. Von dort kann man immer noch gut sehen, was auf der Bühne passiert, und sich an den Reaktionen in der ersten Reihe orientieren. Der Abklatsch des ersten Menschen orientiert sich also am Original, indem er das tut, was dieses von ihm erwartet. Küche, Kinder, Kirche, zum Beispiel. Oder gut aussehen, nicht so viel reden, dafür aufräumen und putzen. Was heute für viele Frauen wie ein Klischee klingt, ist für viele andere Frauen, auch in Deutschland, immer noch Realität. Frau orientiert sich an den Wünschen ihres Mannes und bekommt dazu auch noch gute Ratschläge.

Frauenzeitschriften verdienen jedes Frühjahr ein Vermögen mit dem Thema Abnehmen, und wenn die Rubrik für Make-up und Frisuren fehlt, verkauft sich nichts mehr. Schön, straff und sportlich sollen Frauen sein. Viele kotzen sich dafür die Seele aus dem Leib oder finanzieren mit ihren lebenslang abzuzahlenden Krediten die Ferraris der Schönheitschirurgen. Ratgeber sagen uns, wie wir uns ernähren, was wir anziehen und mit wem wir verkehren sollen. Cellulite dürfen wir nicht haben, fettige Haare sind ein No-Go und vorbei die Zeiten, in denen man mit unrasierten Beinen ins Schwimmbad ging. Es ist aber nicht nur das Aussehen; das ganze Leben wird perfektioniert, fabrikneu gestaltet, angepasst.

Doch nicht alle lassen sich das bieten. Frauen, die sich nicht mit der zweiten Reihe zufriedengeben wollten, haben angefangen zu kämpfen. Über das Ziel, nicht mehr als Abklatsch des ersten Menschen zu gelten, sondern als gleichwertiges Original, sind dabei aber auch einige hinausgeschossen. Sie sind in den Krieg gezogen, für die Befreiung von BHs auf die Straße gegangen und haben für freien Austausch von Körperflüssigkeiten demonstriert. Nach der Französischen Revolution eine Revolte der Weiblichkeit. Aber wo stehen wir heute?

Wo sehen Sie sich? Finden Sie sich mit der zweiten Reihe ab, oder kämpfen Sie dagegen an? Es ist ja nicht so, dass es nicht inzwischen auch Ratgeber für Männer geben würde, in denen sie mit uns den Kampf um den schönsten Körper und die besten Anmachsprüche aufnehmen, aber die Absatzzahlen der Magazine und Ratgeber für Frauen zeigen deutlich, dass wir scheinbar immer noch meinen, dass wir es nicht alleine auf die Reihe kriegen und dass uns immer jemand sagen muss, was wir wie tun sollen.

Sollen wir das Schlafzimmer blau oder grün streichen? Mit Dispersions- oder Latexfarbe? Buche ich ein Wellness-Wochenende, oder nehme ich Aufputschmittel, um den Stress beim Job auszuhalten? Habe ich »nur« einen Burnout, oder werde ich gemobbt und weiß es gar nicht? Bin ich zu nett? Bin ich zu distanziert? Erziehe ich meine Kinder anti- oder autoritär? Gebe ich meinem Kind Ritalin oder nicht? Essen wir Bio oder doch lieber Dosen vom Discounter? Habe ich die Beziehung zu meinen Eltern wirklich verarbeitet, oder muss ich noch ein Abnabelungsseminar besuchen? Bin ich genug oder überversichert? Bin ich wirklich erfolgreich, oder lüge ich mir nur was in die Tasche? Soll ich wirklich mit diesem Film meine kostbare Lebenszeit vergeuden oder lieber den Roman lesen, der auf der Bestsellerliste auf Platz zwei steht? Welche Schuhe passen am besten zu meiner Jeans: die Pumas oder die Pumps?

Ganz egal, welches Schuhwerk Sie benutzen: Wenn Sie noch mal ganz weit zurückgehen, wissen Sie, was gegen dieses »Wir-müssen-immer-besser-werden-und-uns-beweisen-Bedürfnis« hilft. In der Bibel steht, dass die Schlange der Frau, nachdem sie aus dem Paradies ausgeschlossen wurde, in die Ferse beißt – und das tut sie andauernd! Bis heute. Was glauben wir auch alles! Dass wir fett sind, dass wir zu alt sind, dass wir hässlich sind, dass uns keiner liebt, dass uns keiner haben will, dass wir nichts können und dass wir letztendlich nichts sind, denn wir sind ja nur Ausschussware.

Aber genau das ist die Urzeitlüge, gegen die nur eines hilft: Die Frau tritt der Schlange auf den Kopf. Wir haben heute den großen Vorteil, dass unsere Füße in festen Schuhen stecken – ganz gleich ob Stilettos, Laufschuhe, Birkenstocksandalen oder meinetwegen auch Flipflops. Würgen Sie der Schlange mit Ihrer Sohle mal so richtig eins rein, und glauben Sie der Wahrheit, die viel älter ist als die Schlange: Als Gott sich ansah, was er gemacht hatte, fand er es gut, und zwar gleichzeitig und gleichwertig. Was brauchen wir also sonst noch?

*

Nicole Vogel, geboren 1979 im Ruhrgebiet, lebt in Ostfriesland. Die freie Journalistin und Lektorin hat bis jetzt acht Bücher veröffentlicht (www.nicolevogel.de), war Redakteurin beim Magazin *Neues Leben* und ist u. a. Kolumnistin (www.nicole.schenderlein.com). Gemeinsam mit ihrem Mann arbeitet sie in der christlichen Lebensberatung (www.kleiner-leuchtturm.de).

Oskar macht sich trübe Gedanken

Annekatrin Warnke

Jaul! Ich mache mir nicht nur trübe Gedanken – sie sind rabenschwarz! Und glauben Sie bloß nicht, Hunde könnten nicht denken. Wir können das sogar sehr gut! Aber Menschen verstehen uns einfach nicht. Was wirklich nicht von eurer Intelligenz zeugt. Wir Hunde verstehen alles, was ihr sagt. Aber wenn wir euch dann erklären wollen, dass ihr mal wieder auf dem Holzweg seid, könnt ihr unsere Warnungen einfach nicht hören. Ihr hört nur ein Bellen, Winseln oder Kläffen und interpretiert etwas in unsere treuen Augen, was es da gar nicht zu sehen gibt. Meistens deutet ihr als Zustimmung, was ganz klar Ablehnung ist. So hat es jedenfalls mein Frauchen gemacht an jenem Abend vor ein paar Wochen, als sie mir ihren Entschluss unterbreitete.

Wie immer war Mareike nach Büroschluss mit der S-Bahn aus Hamburg gekommen. In Pinneberg hatte sie ihren Roller bestiegen und war damit die letzten fünf Kilometer bis in unser beschauliches Dorf gerollt. Dann hatte sie mich bei meiner Tagesmutter abgeholt. Frau Breuer ist eine ganz reizende alte Dame, die in der Nachbarschaft wohnt und mich tagsüber ausführt. Ich liebe den kleinen Wald mit dem großen Teich, denn dort darf ich immer ohne Leine laufen. Ja, Sie haben recht. Ich schweife ab. Aber wenn Sie wüssten, wie verführerisch es da überall riecht!

Mareike hatte mich also abgeholt, und ich freute mich schon auf unser Abendritual. Meistens schmiss Frauchen als Erstes ihre Aktentasche und die Jacke in eine Ecke und die Schuhe in eine andere. Dann zog sie sich einen Hausanzug und Pantoffeln an und ging in die Küche. Sie goss sich ein Glas Wein ein, schob entweder zwei Pizzen in den Ofen oder was Leckeres in die Mikrowelle. Kennen Sie zum Beispiel die Thaipfanne vom Eismann? Echt oberlecker, kann ich Ihnen nur sagen! Ich liebe Fastfood!

Mit dem Essen machten wir es uns immer vor dem Fernseher gemütlich. Ich bekam meine Pizza oder meine Mikrowellenherrlichkeit in den Fressnapf. Sie stellte ihren Teller auf den Couchtisch. Dann legte sie sich halbsitzend aufs Sofa, zappte durch die Kanäle, und wenn wir beide satt waren, kuschelten wir bei »Wer wird Millionär« oder so und rieten mit. Wir lieben Quizsendungen! Solche Abende sind einfach genial, kann ich Ihnen sagen!

Manchmal aßen wir auch nur schnell zwischen Tür und Angel in der Küche. Das waren die Abende, wo Pfadfindertreffen angesagt waren oder wo Frauchen ein Date mit ihren Freunden hatte. Die sind alle echt nett. Vor allem Ben hat es mir angetan. Er ist Anfang dreißig und arbeitet auch in Hamburg. Er hat ein Auto – und ist das Herrchen einer sehr süßen Retriever-Dame. Sie ist golden, super gebaut und riecht zum Anbeißen! Ben ist Bankkaufmann, aber in seiner Freizeit auch

Jäger. Ab und an fuhren wir zu viert bei Vollmond in sein Jagdrevier in der Lüneburger Heide. Es war echt romantisch, wenn wir mit gespitzten Ohren zu Füßen von Frauchen und Herrchen ansaßen. Die zwei unterhielten sich dann flüsternd über alles Mögliche und übersahen sämtliche Wildschweine.

Mareike ist – oh nein! Ich muss ja sagen, sie war – leitende Mitarbeiterin in einem Pfadfinderstamm. Wir haben das beide total gerne gemacht! Das Zusammensein mit den Kindern, die Geschichten am Lagerfeuer, die Zeltlager ... Das war ein richtig schönes Hundeleben mit so einem naturverbundenen Frauchen!

An jenem Abend vor ein paar Wochen allerdings, das war der Anfang vom Ende. Mareike hatte mich, wie gesagt, bei Frau Breuer abgeholt. Auf dem Weg nach Hause plauderte sie nicht wie gewohnt fröhlich mit mir, sondern schien irgendwie sehr nachdenklich. Ich hätte spätestens dann misstrauisch werden müssen, als sie ihre Jacke ordentlich auf einen Bügel hängte, ihre Schuhe auf das Schuhregal stellte und ihre Aktentasche neben ihrem Schreibtisch parkte. Aber ich war ja noch voller Vorfreude auf unser Fastfood. Das fiel allerdings komplett aus. Mareike beschäftigte sich stattdessen mit Plastiktüten in der Küche. Aus einer zog sie tatsächlich eine Schürze hervor und band sie um. Dann raschelte sie mit einer Packung Bio-Hundetrockenfutter und schüttete etwas davon in meinen Napf. Bäh! Ein Gestank, dass jedem richtigen Hund davon übel wird, kann ich Ihnen nur sagen. Als Nächstes hantierte sie mit grünem Salat, Tomaten, Zwiebeln, Essig und Öl und richtete alles in einer Schüssel an. Dazu röstete sie sich Vollkornbrot. Sie deckte sich den kleinen Tisch in der Küche, stellte Mineralwasser dazu und platzierte meinen Napf zu ihren Füßen.

»So, Oskar«, sagte sie, nachdem sie auf dem Küchenstuhl Platz genommen hatte. »Wie du siehst, wird ab heute manches anders. Gestern hat mir eine Kollegin ein Buch geliehen, guck hier.« Sie zeigte mir ein ziemlich dickes Taschenbuch. Lesen kann ich ja nicht. Aber ich konnte das Titelfoto erkennen. Die Köpfe von zwei dieser unsympathischen Großtiere, die in Wüsten herumlaufen, grinsten mich an. Offensichtlich handelte es sich um eines jener Bücher, die mit unterhaltsamem Witz werben. »Das ist ein wirklich flott geschriebener Ratgeber«, sagte Mareike auch prompt. »Er heißt: ›Die Kamel-Strategie – Schaukel dich in Balance‹. Witzig, aber trotzdem tiefsinnig. Ich habe gestern in der Bahn schon angefangen zu lesen. Und heute in der Mittagspause habe ich gleich meine ersten Einkäufe erledigt. Ich habe endlich verstanden, was sich in meinem Leben ändern muss.«

Frauchen philosophierte dann noch eine Weile. Darüber, dass sie bisher nur einseitig gelebt habe. Dabei stecke in ihr doch mehr als das chaotische Naturkind, das nicht gerne kocht. Das Buch habe ihr klar gemacht, worin der Grund für ihre Sprunghaftigkeit liege. Ihre Geschwisterkonstellation sei schuld. In ihr, dem Nesthäkchen, habe sich erwachsene Reife nie entfalten können. Nun aber könne sie selbst für den Ausgleich sorgen. Es sei an der Zeit, die disziplinierte Lady zum

Vorschein kommen zu lassen. Dann würde sie auch endlich den Mann fürs Leben finden.

Ich winselte, ich jaulte, ich ließ meinen Schwanz hängen. Aber sie reagierte nicht. Der Mann fürs Leben war doch schon längst aufgetaucht! Merkte sie denn nicht, wie verliebt Ben sie oft anschaute? Er mag mein kleines, quirliges Frauchen, deren dunkle Locken immer so aussehen, als wäre sie gerade aus dem Bett gekommen. Er steht nicht auf Kostüme und Pumps und gehobene Küche. Er mag sie im Pfadfinderhemd, das noch heftig nach Lagerfeuer riecht. Ich mag sie so auch! Und bisher konnte sie sich so auch gut leiden.

Aber seit jener verhängnisvollen Begegnung mit der »Kamel-Strategie« verkleidet sie sich. Sie hat sich ein Glätteisen gekauft und trägt jetzt als Frisur einen Helm – so einen gezirkelten Bob. Viele T-Shirts und Jeans sind in der Altkleidersammlung gelandet, stattdessen hängen Hosenanzüge und Blusen in ihrem Schrank. Bei den Pfadfindern sucht sie eine Nachfolgerin, und Quizsendungen schauen wir auch nicht mehr. Dafür gibt es langweilige Politmagazine. Oder Kochsendungen. Wenn dieser ewig grinsende Lafer auf dem Bildschirm erscheint, zieh ich meinen Schwanz ein. Manchmal lässt Mareike mich jetzt auch über Nacht bei Frau Breuer, dann macht sie in Hamburg auf Kultur. Sie geht tatsächlich ins Ballett oder in die Oper! Die Jagdausflüge bei Vollmond dagegen wurden immer seltener. Es gab kaum noch inniges gemeinsames Wittern mit Miss Marple. So heißt sie nämlich, meine große Liebe. Was für ein netter Mensch, der sich so einen wunderbaren Namen für seinen Hund ausdenkt!

Inzwischen haben sich diese herrlichen Zeiten ganz erledigt. Seit dem letzten großen Streit ist es vorbei. Ben hatte sich bitter beklagt, dass Frauchen nicht mehr sie selbst sei. Er warf ihr Reizbarkeit und Unausgeglichenheit vor. Und er hat recht! Immer, wenn wir jetzt in Pinneberg bei Burger King vorbeikommen, zerrt Mareike mich grob weiter. Sie tut, als interessierten Burger sie nicht mehr, dabei läuft ihr genauso das Wasser im Mund zusammen wie mir. Aber wenn man sie auf diese Widersprüche aufmerksam macht, rastet sie aus. »Ich will nicht ausgeglichen sein, hörst du«, hatte sie den traurigen Ben bei diesem letzten Streit angeschrien, »alles, was ich will, ist ein Leben in Balance!«

Ben nimmt jetzt die Bäckerstochter zum Ansitzen mit. Die riecht zwar nicht nach Lagerfeuer, bloß nach Zigaretten, aber sie läuft gerne mit ihrem Collie durch den Wald. Das Vieh ist ziemlich mollig. Leider mag meine angebetete Retriever-Dame Speck auf Rüden-Rippen. Ich dagegen bin unterdessen der magerste Cockerspaniel in ganz Schleswig-Holstein. Kein Wunder, bei dem ätzenden Biotrockenfutter! Ohne Frau Breuers Fleischwürste wäre ich längst verhungert. Auch sonst sehe ich erbarmungswürdig aus. Das meinte Miss Marple bei unserm letzten Gebell. Sie hätte das neugierige Zucken meiner Schlappohren so gemocht, sagte sie. Jetzt hingen die immer nur noch schlaff runter. Und der Glanz in meinen schönen Augen sei auch verschwunden.

Glauben Sie, es gibt noch Hoffnung für mich? Kann es sein, dass Frauchen, wenn sie lange genug auf Kamel-Art geschaukelt hat, ihre echte Mitte findet? Ich erwarte ja gar nicht, dass es ganz genauso wird wie früher. Gerne kann sie zu einer ordentlichen Tiefkühlpizza einen Salat machen. Ich wäre auch schon zufrieden, wenn sie wenigstens Chappi für mich kaufen würde. Am meisten wünsche ich mir, dass sie wieder so fröhlich wird wie früher. Für ihr ansteckendes Lachen und ihr zärtliches Kuscheln würde ich mich vielleicht sogar an dieses Biozeug gewöhnen wollen.

Die Erfinder der »Kamel-Strategie« würde ich gerne kräftig in die Waden beißen. Oder ihnen wenigstens ans Bein pinkeln! Ist denen nicht klar gewesen, dass alle, die dranhängen, mitwackeln, wenn so ein Kamel anfängt, sich in Balance zu schaukeln? Jaul!

*

Annekatrin Warnke, geboren 1962 in Iserlohn, machte nach dem Abitur eine Ausbildung zur Reiseverkehrskauffrau. Sie ist verheiratet und hat drei Kinder. Sie schreibt für die Zeitschriften *Ethos, Christsein heute* oder *JOYCE*. Als Referentin, zum Beispiel für Frauenfrühstückstreffen, ist sie in ganz Deutschland unterwegs. Als Dozentin und Autorin unterstützt sie christliche Theaterarbeit. www.drama-ministry.de

Die wunderbare Welt der Wonneproppen

Saskia Barthelmeß

»Gratuliere, Sie erwarten ein Kind!« Als ich diesen Satz vor fast sieben Jahren zum ersten Mal hörte, wusste ich noch nicht, was da zusammen mit meinem Kind – sozusagen als Gratis-Bonus – noch unterwegs zu mir war: Das »Ich-will-eine-perfekte-Mutter-sein-und-weiß-nicht-wie«-Paket! Dieses Paket hatte ich weder bestellt noch gewollt. Doch seit diesem Tag begleitet es mich treu. Und ich befürchte, dass es nicht mehr von meiner Seite weichen wird!

Natürlich freuten sich mein Mann und ich sehr, als wir erfuhren, dass wir Eltern würden. Doch uns war auch sehr bewusst, dass wir keine Ahnung davon hatten, wie man ein Kind bekommt, großzieht und lebenstüchtig macht. Deshalb deckten wir uns mit allem ein, was wir kriegen konnten: Babyzeitschriften, Stillbücher, Erziehungsratgeber. Ich las und las und las. Ich fragte bei erfahrenen Müttern nach. Wir diskutierten über die richtige Geburtsklinik, die richtigen Windeln, die richtigen Spielsachen. Schließlich wollte ich es als Mutter nicht nur gut machen, sondern perfekt! Und die vielen schönen Ratgeber, die sollten mir dabei helfen.

Aus sämtlichen Babyzeitschriften lächelten mir gut aussehende, schlanke und geschminkte Mamas entgegen, die ebenso wohlgeratene und fröhliche Babys im

Arm hielten. Oh ja, das wollte ich auch! Stolz mein Baby herumzeigen und entzückten Komplimenten von Freunden und Verwandten lauschen. Ich freute mich auf dieses vollkommene Mutterglück, das nun in greifbarer Nähe vor mir lag. Mit jedem Zentimeter, den mein Bauch wuchs, fühlte ich mich ein wenig besser beraten und vorbereitet. Natürlich gab es auch Momente, in denen ich mich fragte, wie ich die Geburt und die durchwachten Nächte schaffen sollte. In denen die Angst in mir hochkroch: »Und was, wenn mit dem Baby etwas nicht in Ordnung ist?« Doch dann nahm ich noch eine Zeitschrift zur Hand und träumte mich in die wunderbare Welt des Mamaseins hinein. So viele gute Tipps, so lebensnahe Ratschläge – da konnte ja nichts mehr schiefgehen!

Dann ging sie los, die Geburt! Ich fühlte mich wie im Film – nur im falschen! In den langen Stunden im Kreißsaal suchte ich sie überall, die strahlende Mama. Doch sie war verschwunden! Nichts hatte mich auf die Schmerzen der Geburt vorbereitet. Kein Artikel, den ich gelesen hatte, hatte von diesem übermächtigen Gefühl des Ausgeliefertseins erzählt. Das Einzige, was mich durchhalten ließ, war der Gedanke an unser Baby. Nach einem ungeplanten Kaiserschnitt war er dann da – unser Sohn. Doch statt mich anzustrahlen, lag unser Kleiner apathisch in meinem Arm und wollte nicht trinken. Was die Ärzte anfangs noch als unbedenklich ansahen, veranlasste sie nach vier Tagen, unseren Sohn in die Kinderklinik zu überweisen. Dort begann ein Untersuchungs-Marathon. Jede Blutabnahme und jedes neue Arztgespräch gab mir einen Stich ins Herz. Hilflos saßen mein Mann und ich an Noahs Bett. Statt Glückwunschkarten zu lesen und die ersten Spaziergänge mit dem Kinderwagen zu unternehmen, blickten wir stundenlang auf Geräte, Schläuche, Überwachungsinstrumente. Und zwischen all den Apparaten unser Kind, so klein und so verletzlich. Ich hatte keine Ahnung, wie es weitergehen sollte. Ich war müde. Ich war erschöpft. Ich fühlte mich betrogen. Wo war sie, die wunderbare Welt der Wonneproppen?

Nun, wahrscheinlich lag es an mir. Ich hatte versagt. Hatte es nicht geschafft, mein Baby auf natürliche Weise auf die Welt zu bringen. Statt es zu stillen, gab ich ihm die Milch durch eine Sonde und später in der Flasche. Viele verzweifelte Tränen weinte ich in dieser Zeit, Tränen der Wut und der Enttäuschung. So gerne hätte ich eine Super-Mama sein wollen. Warum hatte Gott es zugelassen, dass ich hier wie ein Häufchen Elend saß und nicht wusste, was ich mit diesem neuen Leben anfangen sollte, das sich so gar nicht strahlend anfühlte?

Die Geburt unseres Sohnes stürzte mich in eine Lebenskrise. Ich glaubte doch an Jesus. Ich wollte treu den Weg mit ihm gehen. Ich brachte mich in einer Gemeinde ein. Wir hatten von Anfang an für dieses Kind gebetet. Warum mutete Gott uns das zu? Schließlich hatte ich meinen Teil der Abmachung erfüllt, warum erfüllte Gott dann seinen nicht? Zu der Sorge um unser Baby und die zehrenden Stunden in der Klinik kamen all diese quälenden Fragen hinzu. Mein Herz fand keine Ruhe. Alles war auf den Modus »Funktionieren«

eingestellt, innerlich war ich wie erfroren. War es denn zu viel, sich ein gesundes Kind zu wünschen? Hatten wir irgendetwas falsch gemacht? Warum nur war mir der Einlass in die schöne Welt der Super-Mamas verwehrt worden?

Stunde um Stunde verging, während ich am Bett unseres Kindes saß und nicht viel mehr tun konnte, als es zu streicheln und anzuschauen. Ganz langsam kam der Sturm in meinem Inneren zur Ruhe. Nach und nach konnten zwei kleine Pflänzchen in meinem Herzen wachsen: Die Liebe zu unserem Sohn. Und die Gewissheit, dass Jesus uns nicht allein gelassen hatte. Die Liebe wuchs schnell. Mit jedem Augenaufschlag von Noah. Wenn er nach meiner Hand griff oder einen Quietschlaut von sich gab. Das andere Pflänzchen brauchte viel, viel länger. Es wuchs ein Stück, wenn Freunde vorbeikamen und uns – inmitten der Verzweiflung – zum Lachen brachten. Wenn eine Krankenschwester sich über unsere aufopfernde Liebe zu unserem Kind freute. Es wuchs, wenn wir von den vielen Leuten hörten, die für uns und Noah beteten.

Anfangs hatte ich noch den Traum gehabt, dass die Zeit in der Kinderklinik nur ein Umweg zu unserem perfekten Elternglück gewesen war. Eine kleine Schleife sozusagen, bevor wir auf den richtigen Weg ins Wunderland einbogen. Doch auch dieser Traum zerplatzte. Bei Noah wurde eine genetische Muskelschwäche diagnostiziert, die sein ganzes Leben lang präsent sein wird. Jeden Entwicklungsschritt nimmt er viel später als andere Kinder, mit sehr viel mehr Mühe.

Manche wird er vielleicht gar nicht nehmen. Wir wissen es nicht.

Die schwere Zeit nach Noahs Geburt hatte viel in unserem Leben verändert. Doch sie hatte mich nicht von meiner Sehnsucht nach dem Glück aus den Babyzeitschriften geheilt. Richtig bewusst wurde mir das allerdings erst, als ich – zwei Jahre später – mit unserem zweiten Kind schwanger war. Natürlich war mir inzwischen klar, dass beim Kinderkriegen nicht immer alles reibungslos abläuft. Trotzdem hoffte ich im Stillen, dass es dieses Mal näher am Perfekten dran sein würde.

Im Kreißsaal tauchte sie zwar wieder nicht auf, die strahlende Mama, aber – hurra – unsere Tochter wurde auf natürlichem Weg geboren. Sie schrie sofort, sie trank anstandslos. Wonneproppenwelt, lass dich umarmen! Äußerlich stimmte alles, doch meine Gefühle spielten verrückt. Es gab kaum einen Augenblick, in dem ich mich wie in einer Wunderwelt fühlte. Nicht beim endlosen Wickeln von zwei Kinderpopos. Nicht an den zahllosen Abenden, die ich auf einem großen Pezziball verbrachte, um Fiona zum Einschlafen zu bekommen. Und schon gar nicht, wenn mir im Spiegel eine Frau im Schlafanzug mit zerzausten Haaren und bleicher Gesichtsfarbe entgegenblickte, die keinerlei Ähnlichkeit mit einem Mama-Covergirl hatte.

Der Gedanke, so absurd er mir anfangs auch erschien, blitzte nun immer öfter in meinem Kopf auf: Könnte es vielleicht sein, dass die wunderbare Welt der lächelnden Mütter und ihrer süßen Babys nur in den Zeitschriften und Büchern existierte und rein gar nichts mit der Realität zu tun hatte? Eiferte ich etwa einem Phantom nach?

Nach fast sieben Jahren Mama-Sein und zahllosen Gesprächen mit anderen Müttern, weiß ich heute: Es gibt sie in Wirklichkeit nicht, die perfekte Mama. Ich habe sie noch nie getroffen und kenne auch niemanden, der sie persönlich kennt. Doch an einem Ort treibt sie dennoch ihr Unwesen: in meinem Kopf. Und da richtet sie jede Menge Schaden an. »Was? Du schaffst es nicht, dein Kind zu stillen? Minuspunkte!« – »Dein Baby hört nicht auf zu schreien? Du hast wirklich keine Ahnung!« – »Schon wieder hast du dein Kind angeschrien? Du bist eine miserable Mutter!«

Die Ratgeber-Mama wohnt in meinem Kopf, und sie ernährt sich von jedem neuen Artikel und jeder Fernsehsendung über die »richtige« Kindererziehung. Wenn ich sie füttere, wird sie in meinem Leben riesengroß. Jede andere Mutter, die scheinbar mühelos ihren Alltag bewältigt, ist dann eine Bedrohung für mich. Ich fühle mich ungenügend und habe Mitleid mit meinen Kindern. Nachdem ich viele (zu viele) Stunden mit solch zermürbenden Gedanken verbracht habe, ist mir eines Tages klar geworden: Es gibt nur einen Weg! Ich muss sie verhungern lassen, die Super-Mama! Statt mich mit anderen Müttern und ihren Kindern zu beschäftigen, schaue ich jetzt lieber auf meine Kids und meine Möglichkeiten. Und ich fülle mein Herz mit wahren Ratgeber-Worten – von Gott, meinem Mann und guten Freunden.

Gott ist der einzige Ratgeber, der mich durch und

durch kennt. Er weiß nicht nur, welche Chancen in mir als Mutter stecken, er kennt auch meine dunklen Gedanken, die niemand sonst mitbekommt. Wie oft schon hat er mich beraten, gelenkt und mir neuen Mut gemacht. Ich brauche seinen Zuspruch, indem ich in der Bibel lese und während des Tages im Gespräch mit ihm bin. Niemand sonst kann mir Weisheit und Einsicht über meine Motive und die Herzen meiner Kinder vermitteln. Mit Jesus an meiner Seite traue ich mir das Abenteuer Mama-Sein zu. Ich weiß, ich werde nie perfekt sein – aber das muss ich auch nicht. Dafür will ich mich hinterfragen lassen und auch die Größe haben, Jesus und meine Kinder um Vergebung zu bitten, wenn ich versagt habe.

Mit meinem Mann als Ratgeber kann ich immer wieder neue »Kurskorrekturen« vornehmen. Er baut mich auf, wenn ich mal einen Frusttag habe. Und er freut sich mit mir, wenn mich die Freude meiner Kinder ansteckt. Und das passiert sehr oft. Wir beide wissen, dass wir nie am Ende des Erziehens angekommen sind. Was gestern funktioniert hat, muss morgen noch lange nicht funktionieren. Manche Überzeugungen haben sich inzwischen verfestigt, in anderen Bereichen lassen wir uns gerne hinterfragen. Und da sind wir dankbar für den Rat von guten Freunden, denn mitten im Alltag geht einem schnell der Blick für die eigenen Fehler verloren.

Lese ich also gar keine Bücher über Kindererziehung mehr? Doch. Auf unserem Sofatischchen liegt zurzeit sogar eins. Und wir haben vor, es zu lesen. So wie viele vor und nach ihm. Aber jetzt kann ich das mit einer anderen Haltung tun. Ich weiß, wer ich bin, und muss nicht ständig in den Konkurrenzkampf mit anderen eintreten.

Seit ich Mutter bin, sind die beiden Pflänzchen in meinem Herzen immer weiter gewachsen. Die Liebe zu meinen Kindern ist größer und stabiler geworden. Ich habe erfahren, dass ich auch nicht-perfekte Kinder lieben kann. Dass ich sogar mich, eine nicht-perfekte Mutter, lieben kann. Und dass unser Glück und unsere Freude nicht davon abhängt, wie wir aussehen, wie gesund wir sind oder wie gut wir in das Raster des Normalen passen. Und auch die Pflanze meines Vertrauens in Gott ist gewachsen. Ich habe auf die harte Tour gelernt, dass der Glaube an Jesus kein Freifahrtschein ins Glück ist. Nirgendwo in der Bibel wird mir das perfekte Leben verheißen. Mit Gott unterwegs zu sein ist kein Spaziergang, eher eine Achterbahnfahrt. Und doch gibt es nichts Besseres, Wertvolleres und Tieferes, als zu wissen: Wir sind in Gottes Hand geborgen. Durch Jesu Tod ist unsere Schuld vergeben. Wir dürfen immer wieder neu anfangen. Unser Leben ist weit weg von der wunderbaren Plastikwelt, nach der ich mich so lange gesehnt habe. Es fühlt sich selten strahlend an und wir sehen auch nicht wie Models aus. Doch unser Leben hat einen entscheidenden Vorteil: Es ist echt!

*

Saskia Barthelmeß ist verheiratet mit Heiko und Mutter von Noah und Fiona Tabita. Die Familie lebt in Innsbruck und arbeitet dort in der »Kirche im Kino« mit.

Perfekt für den Job

Jutta Wilbertz

»Na, dann kommen Sie doch mal rein.« Sie sind zu zweit, führen mich in einen kleinen, geschmackvollen Besprechungsraum und weisen mir einen Stuhl zu. Ich setze mich, nicht ohne freundlich »Danke« zu sagen, und lächle den beiden souverän zu. Sie lächeln zurück.

Er sieht aus der Nähe wesentlich älter aus. Als er mit jugendlich-dynamischem Gang auf mich zukam, hätte ich ihn tatsächlich auf Anfang vierzig geschätzt. Nun sehe ich, er ist mit Sicherheit über fünfzig, er trägt Anzug, natürlich, dazu ein dezent fliederfarbenes Hemd. Er riecht gut. Nein, er macht mir keine Angst. Ich habe mich gut vorbereitet.

Sie dagegen haut mich um. Sie hat etwas Alterloses, wie diese schlanken Blondinen aus den Hitchcock-Filmen, irgendwo undefinierbar zwischen zwanzig und vierzig Jahre alt, nur, dass diese hier nicht blond ist, sondern brünett. Sie lässt sich in einer einzigen fließend-eleganten Bewegung auf den Stuhl sinken und schafft es gleichzeitig, ungeheuer kompetent zu wirken. Sie trägt einen rauchblauen, leicht taillierten, aber ansonsten lässig fallenden Hosenanzug und High-Heels. Der allerletzte Schrei, das weiß ich, ich informiere mich immer über den neuesten Trend.

Aber nein, ich werde mich nicht einschüchtern lassen. Ich bin auch nicht ohne! Ich trage nämlich ebenfalls einen Hosenanzug, anderes Modell, schokoladenbraun, wesentlich schlichter als der von der Brünetten, aber ich will mich ja auch nicht für eine Führungsposition bewerben. Allerdings bin ich auch keine kleine Tippse. Ich habe mich strategisch vorbereitet, erst eine Typberatung gemacht, dann mit zwei Freundinnen etliche Mode-Zeitschriften gewälzt, und schließlich sind wir gemeinsam durch die Läden gezogen und haben dieses Outfit für mich gefunden. Es steht mir gut. Souverän sieht es aus. Business Chic, aber nicht übertrieben. Nicht zu steif, aber auch nicht zu leger. Ich bin kein junges Mädchen mehr, sondern eine attraktive und vor allem emanzipierte Frau, die voll im Leben steht. Das habe ich mir übrigens heute Morgen auch noch mal vor dem Spiegel gesagt. Fünf Mal hintereinander. Soll helfen.

Er heißt Herr Lampmann und ist General Manager, das hat er mir schon vorne an der Besucherecke mitgeteilt, bevor er seinen »Folgen Sie mir unauffällig«-Satz losgeworden ist, den er bestimmt schon zu hundert anderen Bewerbern gesagt hat.

»Dies ist Frau Monika Jäger«, stellt er nun die Brünette vor. Weiter äußert er sich nicht, was mich etwas irritiert. Sie nickt mir kühl, aber nicht unfreundlich zu.

»Wir möchten Ihnen zunächst einmal unsere Firma vorstellen«, beginnt er, während sie mir ein Glas Wasser einschenkt. Sie macht das mit einer beiläufigen Eleganz, unglaublich, fast so, als würde sie mir einen

Manhattan servieren ... oder was immer diese Frauen in den 60er-Jahre-Filmen trinken. Ich trinke höchstens mal ein Kölsch, aber das gehört jetzt nicht hierhin.

Herr Lampmann liebt seine Firma, das ist offensichtlich. Er schwärmt, erzählt, kommt in Fahrt, knöpft sich sogar ganz leicht das Jackett auf. Es geht um Neupositionierung auf dem Markt, um Dienstleistungen, um einen großen Durchbruch. Und natürlich um eine tolle familiäre Atmosphäre, leistungsgerechte Bezahlung und interne Aufstiegschancen. Hört sich gut an. Hört sich sehr gut an. Darum bin ich hier. Ich will diesen Job. Ich brauche diesen Job. Bitte.

Aber das sage ich natürlich nicht. Ich habe genügend Ratgeber gelesen, mir auch ein paar Seminare und Coachings geleistet, und weiß: Ich muss sicher auftreten. Die sollen froh sein, dass sie mich kriegen! Gleichzeitig darf ich natürlich nicht überheblich oder desinteressiert wirken, das merken die sofort. Nein, es muss eine win-win-Situation hergestellt werden, etwas, wovon sowohl die Firma als auch ich profitieren. Ich will diesen Job.

»Warum haben Sie sich denn ausgerechnet bei uns beworben?«, fragt er und spielt mir damit den Ball zu. Ich habe mir natürlich im Internet das Firmenprofil angesehen und mir ein paar entsprechende Sätze überlegt, so lasse ich also die entsprechenden Schlüsselwörter fallen: Herausforderung, innovative Herangehensweisen, toller Teamgeist, proaktiv sein und natürlich Multitasking. Und damit sind wir auch schon beim Job.

»Office-Managerin auf Geschäftsführer-Ebene« hatte es in der Anzeige geheißen. Letzten Endes nichts weiter als die klassische Chef-Sekretärin, hatte ich gedacht, das werde ich inhaltlich schon können. Hauptsache, der modische Auftritt stimmt. Aber wenn ich nun Frau Jäger anschaue, werde ich doch unsicher. Es ist nämlich ihr Job, der ausgeschrieben wurde, wie ich nun von Herrn Lampmann erfahre. Darum sitze sie auch hier, damit ich mir ein Bild machen könne, was von mir erwartet würde.

»Aha«, sage ich etwas blöde und denke: Auweia, die ist einfach zu perfekt. Wie soll ich das schaffen? Die hat bestimmt noch nie einen Ratgeber gelesen. Die braucht das nicht.

»Frau Jäger wird unser Unternehmen leider verlassen«, sagt Herr Lampmann, wobei er ihr einen Seitenblick zuwirft, den ich nicht deuten kann. Sie reagiert nicht.

»Wir wissen gar nicht, wie wir ohne sie zurechtkommen sollen, sie wird eine große Lücke hinterlassen.« Nun lächelt er in meine Richtung.

»Das wird ein schweres Erbe, meine Liebe.«

Heißt das etwa, dass er tatsächlich vorhat, mir den Job zu geben? Immerhin, er hat »wird« gesagt, nicht »würde.«

»Ich liebe Herausforderungen«, sage ich schnell und zeige meine Zähne. In diesen Momenten muss man sofort reagieren, positiv und zupackend rüberkommen. Jedes Zögern wird als Schwäche ausgelegt. Auch das habe ich gelernt.

»Sie sprechen Englisch und Französisch?«

»Aber ja, sehr gut.«

»Und zeitlich flexibel sind Sie auch?«

»Natürlich!«

Ganz stimmt das nicht. Ich habe zwei Kinder, beide in der Schule. Und das ist ihm durchaus bekannt, es steht in den Bewerbungsunterlagen.

»Also würde sich im Notfall auch Ihr Mann um die Kinder kümmern, nicht wahr?«

»Gar kein Problem«, erwidere ich. Wobei ich nicht weiß, was er unter Notfall versteht. Und ich weiß auch nicht, ob mein Mann überhaupt Zeit hätte. Egal.

»Wir schätzen es sehr, wenn unsere Angestellten ein glückliches Familienleben führen.« Nun sieht er plötzlich sehr nett und väterlich aus. Auch Frau Jäger lächelt unvermittelt und wirkt fast herzlich.

»Gerade Mütter sind ja wirkliche Spezialistinnen im Stressmanagement und in der Organisation, sie verfügen über soziale Kompetenzen, von denen andere nur träumen können. Wir hier wissen das!«

Das ist wirklich ermutigend, dass er das so sieht. Gleich fühle ich mich viel besser.

»Und wenn zu Hause alles gut läuft, die Kinder gut versorgt und glücklich sind, dann läuft es auch im Büro gleich viel besser, nicht wahr?«

Er schaut mich wohlwollend an.

»Da haben Sie recht«, antworte ich brav.

»Es ist natürlich eine Frage der richtigen Life-Work-Balance, aber das werden Sie als Mutter sicherlich wunderbar geregelt bekommen. Mit ein wenig Zeitmanagement ist das alles gar kein Problem. Frau Jäger war uns darin immer ein Vorbild.«

Wieder dieser eigentümliche Blick zu ihr. Seltsam, er hat gar nicht gesagt, warum Frau Jäger fortgeht. Man hat ihre Arbeit doch offensichtlich sehr geschätzt. Aber das geht mich nichts an.

»Sie erhalten selbstverständlich ein Firmenhandy.«

Er redet tatsächlich so, als ob ich den Job schon hätte. Hurra!

Allerdings, wozu brauche ich ein Handy, wenn ich eigentlich im Vorzimmer sitzen soll?

»Warum?«, wage ich vorsichtig zu fragen.

Die Frage gefällt ihm nicht, er wirkt ein wenig unwirsch.

»Nur für den äußersten Notfall. Sie sollten es allerdings immer dabei haben, damit wir sie sofort erreichen können, falls es spontan Flüge zu stornieren oder Hotelzimmer zu buchen gibt.«

Als ich nichts sage, wird sein Tonfall kühl.

»Das gehört selbstverständlich mit zur Jobbeschreibung, wir sind ein internationales Unternehmen, das hört nicht mit der deutschen Zeitzone auf.«

Will ich den Job? Ich brauche ihn.

»Selbstverständlich.« Ich strahle ihn an, zwinge mich zu einer fröhlichen Stimme. »Ich war nur neugierig.«

»Das ist ja auch Ihr gutes Recht«, antwortet er jovial und sieht wieder ganz entspannt aus. »Ich setze einmal voraus, dass Sie einen leichten Schlaf haben. Das haben Mütter meistens, nicht wahr?«

Nun weiß ich gar nicht, was ich sagen soll.

»Debitoren-Buchhaltung beherrschen Sie?«, fragt er dann.

»Das gehört auch dazu?«, platze ich heraus und ärgere mich sofort über mich selbst, denn ich sehe wieder die Falte auf seiner Stirn.

»Ist ja wirklich ein interessanter Job!«, setze ich schnell nach, und die Falte verschwindet.

»Es ist in der Tat ein vielseitiges Betätigungsfeld«, sagt er versöhnt, »wir mussten in der Finanzabteilung leider einige Veränderungen vornehmen, darum hat Frau Jäger diese Aufgaben zusätzlich übernommen, und hat sie auch ganz hervorragend gemeistert. Den Führerschein besitzen Sie?«

Dieses Mal stelle ich keine Frage, sondern nicke nur.

»Mit dem Firmenwagen werden Sie schon klarkommen, ab und zu muss jemand vom Flughafen oder Bahnhof abgeholt werden, das ist einfach höflicher und persönlicher als ein Taxi, finden Sie nicht auch?«

Ich nicke wieder, und wir greifen beide zu unseren Wassergläsern.

»Treiben Sie Sport?«, fragt er mich so plötzlich, dass ich mich fast verschlucke.

Ich überlege kurz und entscheide mich für eine Lüge.

»Ich liebe es!«

Das war offensichtlich die richtige Antwort. Er strahlt mich an.

»Ausgezeichnet! Uns liegt die Gesundheit unserer Angestellten sehr am Herzen. Frau Jäger ist sehr sportlich. Sie hat ein Abkommen mit dem Fitness-Studio zwei Häuser weiter arrangiert, damit alle unsere Mitarbeiter zu besonderen Firmenkonditionen trainieren dürfen. Natürlich nicht während der Arbeitszeit.«

Er droht mir schelmisch mit dem Finger und lacht dabei. Ich lache mit, natürlich, aber ich fühle mich nicht wohl. Was, wenn sie das nachkontrollieren? Ich habe doch gar keine Zeit für Sport, wann denn, bitte schön?

Er blättert ein wenig in meinen Unterlagen. Frau Jäger schaut ihm dabei über die Schulter und – täusche ich mich? – ihr schönes, klassisches Gesicht sieht plötzlich fast ein wenig dumm aus. Sie räuspert sich, das erste Geräusch, das ich überhaupt von ihr höre, und ich zucke zusammen. Es klingt nicht sehr damenhaft, und aus irgendeinem Grund muss ich an meinen Lammwollpulli denken, der noch auf der Wäscheleine hängt.

Herr Lampmann blickt stur geradeaus, so als ob er nichts gehört hätte.

»Wie ich sehe, haben Sie einen Universitätsabschluss«, stellt er fest.

»Kunstgeschichte«, nicke ich und denke, dass er das Thema nur aus Verlegenheit angeschnitten hat. Bisher hat mir mein Studium in der Wirtschaftswelt nur den typischen »Noch eine arbeitslose Akademikerin«-Blick eingetragen.

»Sehr schön«, sagt er und scheint das tatsächlich so zu meinen. »Kulturelle Bildung ist etwas sehr Wichtiges. Wir haben sehr gerne Geisteswissenschaftler unter unseren Mitarbeitern. Frau Jäger hat einige Semester Literatur studiert. Etliche unserer Kunden sind da sehr bewandert, da ist es gut, wenn auch Sie diesbezügliche Gespräche führen können. Und wenn eine schöne Frau sich geistreich äußert ...«

So ein alter Chauvi! Ich schnappe innerlich nach Luft, eigentlich müsste ich jetzt empört aufstehen. Habe ich dafür als Teenie mit bewundernden Blicken den Frauen in lila Latzhosen zugeschaut, die ihre BHs auf dem Scheiterhaufen verbrannten? Na ja, vielleicht hat Herr Lampmann es ja auch nicht so gemeint, nur ein kleiner Scherz, da stehen wir doch heutzutage drüber. Ich brauche diesen Job und wir Frauen wissen doch längst, was wir wert sind und was wir wollen, und müssen uns nicht mehr künstlich aufregen.

»Und, wollen Sie ihn, den Job?«, fragt er unvermittelt.

Ich atme einmal heftig aus.

»Ja!«, sage ich dann. Da gibt es zwar ein paar Dinge, die mich beunruhigen, aber jetzt ist nicht der Moment, um darüber nachzudenken. Ein Job als Office-Managerin ist eine tolle Sache. Ja, wirklich! Ich muss mir halt heimlich noch das eine oder andere draufschaffen, braucht ja keiner zu merken. Buchhaltung ist wirklich nicht mein Ding.

»Wunderbar«, sagt er, steht auf und reicht mir die Hand.

Frau Jäger ist ebenfalls aufgestanden. Sie hat den Kopf hochgereckt und – ja, sie schnuppert in der Luft, tatsächlich. Ihr Blick ist nun ganz sanft und einfältig.

Herr Lampmann wirft ihr einen etwas panischen Blick zu und drängt mich aus der Tür.

»Sie haben den Job. Die Formalitäten können Sie dann im Personalbüro erledigen. Ich bringe Sie jetzt hin, dann können Ihnen die Damen dort auch gleich zeigen, wie die Kaffeemaschine funktioniert. Das hat Frau Jäger auch immer ganz hervorragend gemacht. Und ihre Frühstückseier, also die waren einfach wunderbar.«

»Könnte Frau Jäger es mir denn dann nicht ...?«, frage ich, aber er hat mich schon untergehakt und zieht mich mit sich.

Frau Jäger folgt uns, schnüffelt und beugt sich mit der Nase tief runter, fast bis auf den Teppichboden. Dann grunzt sie etwas, das ich nicht verstehe.

Herr Lampmann blickt sich immer wieder vorsichtig zu ihr um.

»Frau Jäger geht es leider nicht gut«, raunt er und beschleunigt seinen Schritt. »Sie hat – nun, sie hat gewisse Phasen, und diese Phasen häufen sich, treten leider immer plötzlicher und unerwarteter auf. Sie haben es ja gesehen, zu Beginn unseres Treffens war sie noch ganz normal.«

Er seufzt.

»Wir können sie unseren Kunden wirklich nicht mehr zumuten. Aber sie ist nur schwer zu kündigen und bezieht auch kein Krankengeld, weil die Kasse dieses Krankheitsbild nicht akzeptieren will. Wir haben einen Kompromiss gefunden und konnten sie nun zu einem hoch spezialisierten Betrieb im Münsterland weitervermitteln.«

Er strafft die Schultern, und nun sieht er wieder ganz dynamisch-positiv aus:

»Das wird eine neue Herausforderung für unsere liebe Frau Jäger, und ich freue mich zu sagen, dass sie hier in unserem Unternehmen die erforderlichen Skills und Qualifikationen für den neuen Job erworben hat. Ohne uns wäre sie nicht dort.«

»Und was ist das für ein neuer Job?«, frage ich, aber eigentlich will ich es nicht wissen.

Frau Jäger ist nun bei uns angekommen, reibt sich an meiner Schulter und stößt ein triumphierendes Quieken aus.

»Eine Stelle als mehrsprachige diplomierte eierlegende Wollmilchsau in modischer Ausführung, damit man auch was fürs Auge hat«, sagt Herr Lampmann und strahlt mich an.

»Sie sehen übrigens ganz reizend aus, meine Liebe. Ach, haben Sie eigentlich schon einmal eine Abrissbirne bedient?«

»Öff, öff«, sage ich.

*

Jutta Wilbertz studierte Diplomtheaterwissenschaft in Gießen und absolvierte zusätzlich eine Schauspiel- und Gesangsausbildung in Rom und Köln. Sie ist Autorin, schreibt Kurzkrimis und Chansons und tritt regelmäßig mit eigenen Bühnenprogrammen auf. Lebt und überlebt mit Mann, Tochter, Hund in Köln. www.wilbertz-kunz.de · www.jutta-wilbertz.de

Ich will so bleiben, wie ich bin

Ines Emptmeyer

Meine Oma ist 85 Jahre alt. Wenn sie aus ihrem Leben erzählt, dann könnte ich stundenlang zuhören. Als kleines Mädchen musste sie jeden Morgen in der Küche den Ofen anmachen und Wasser aufsetzen. Wenn ihre Mutter dann frühmorgens vom Feld kam, lächelte sie meine Oma an und sagte: »Wenn Rauch aus dem Schornstein kommt, kann ich mir sicher sein, dass es 7 Uhr morgens ist und meine Ilse den Ofen angemacht hat. Denn das macht niemand so gut wie du, und es gelingt dir immer pünktlich.« Oder meine Oma erzählt, dass sie jeden Sonntag extremen Stress hatten, die Kühe rechtzeitig zu melken und die Pferdekutsche anzuspannen. Damit bringt sie mich jedes Mal ins Staunen. Was war das für ein Leben? Als Kind ist Oma jeden Sonntagmorgen mit ihrer Mutter 45 Minuten bei Wind und Wetter durch den Wald zur Kirche gelaufen. Damals hatte ein Kirchenbesuch noch Wert. Oder war es der Zwieback mit einer Tasse Tee, der am Ende des Gottesdienstes immer im Gemeindehaus verteilt wurde, der sie lockte, weil man sonst nie so etwas Gutes bekam? Neulich sprach Oma darüber, dass sie noch bis in die 70er-Jahre hinein auf einen Ausflug mit den Landfrauen immer ein Butterbrot und eine Tasse mitnahm. Ich wunderte mich über die Tasse. In den

Lokalitäten am Weg gab es zwar schon – ganz fortschrittlich – Kaffee für alle. Aber genug Geschirr gab es nicht. Das sollte den Restaurants heute mal passieren ...

Meine Oma sagt immer, dass der Stress, den die Menschen früher hatten, darin bestand, dass es noch keine technische Hilfe und Unterstützung gab. Es war ein Stress, der die Hände beanspruchte. Alles musste selbst gemacht werden. Man wusste nie, wie man am nächsten Tag den Acker bestellen sollte und ob es, im wahrsten Sinne des Wortes, genügend Arbeits-Kräfte geben würde. Meine Oma sagt auch, dass der Stress der Leute heute eher im Kopf stattfindet. Sie lassen sich stressen von Abgabeterminen, von Anrufen, von Leistungsdruck, Konkurrenzkampf – und davon, dass immer alles möglich ist. Sie hat recht. Mich stresst extrem viel. Besonders der ganze technische Quatsch, der uns eigentlich eine Hilfe sein soll.

Reizüberflutung. Hamster im Rädchen. Überforderung. Globalisierung. Fortschritt. Immer mehr. Immer besser. Immer schneller. Immer toller. Auf dem neuesten Stand sein. Das sind Worte des 21. Jahrhunderts. Worte, die bei mir einen leichten Druck aufsteigen lassen. Der Druck geht bis zum Herz, das immer schneller zu schlagen beginnt, zieht sich durch bis zum Gehirn, das mir sagt: »mithalten, weitermachen, durchhalten«, und endet beim Ohr, das ich zu beruhigen versuche, damit es nicht wieder anfängt zu fiepen und mir unmissverständlich zu verstehen gibt: »Ruhig bleiben, lass dich nicht stressen!«

Ruhig bleiben. Gelassen bleiben. Nicht vergleichen. Mir selbst treu sein. Das sind die Appelle, die mir guttun.

Mich stresst es. Jawoll! Heute breche ich eine Lanze für alle Frauen, denen es auch so geht. Mich stresst es, dass ALLES möglich ist. Mich stresst es, dass mein Umfeld und die Medien mir ständig suggerieren, ich muss mithalten, sonst bin ich ein langweiliges Gegenüber. Das geht von der technischen Ausstattung über Computer-Künste bis hin zur virtuellen Präsenz, die man in meinem Alter eigentlich haben muss, um am Puls der Zeit zu sein.

Hallo! Was heißt überhaupt Computer-Künste? Reicht es nicht, wenn man ein paar Texte schreiben kann? Wieso muss man denn alle Funktionen dieser kurzlebigen Dinger beherrschen? Ich bin zwar Anfang 30, und andere haben in der Schule einiges gelernt oder mitgenommen, was ich auch schon längst können müsste, aber mich hat der ganze Kram einfach noch nie interessiert. Bin ich deshalb weltfremd? Eine Eigenbrötlerin? Ein Dorftrottel? Nur weil ich nicht unablässig Fotos bearbeite, Homepages erstelle, mit einem iPod rumrenne, der die Hosentasche zum Ausleiern bringt, und ihn mit Musik versorge (o.k., vielleicht auch Predigten) ... Jetzt mal ehrlich! Ich komme eh nicht hinterher. Ständig gibt es was Neues.

Und mich stresst es. Mich stresst es schon, mich in die Materie des Technik-Dschungels einarbeiten zu müssen. Gebrauchsanweisungen lesen, Updates holen, Download hier und Download da. Bis vor kurzem wusste ich noch nicht mal, was das ist ...Technik soll doch eine Hilfe sein, wie meine Oma sie sich früher an vielen Stellen gewünscht hätte!

Ich mag es, mich gepflegt mit Freunden auf ein nettes Pläuschchen zu treffen und bei einem guten Kaffee Gemeinschaft zu haben. In der Zeit könnte ich bei facebook mit 40 anderen Freundinnen GLEICHZEITIG im Gespräch sein. Ja! Aber das wäre nur ein kleiner Update-Talk (auf Deutsch: »Schnelles auf-den-neusten-Stand-gebracht-Gespräch). Mit der Freundin, mit der ich mich treffe, tausche ich mich richtig (!) aus. Wir genießen gegenseitig unsere Mimik und Gestik, und oft endet ein intensives Treffen in einem gemeinsamen Gebet. Da lob ich mir doch die wahren Freunde. Nicht die per Mausklick im Internet! Ich bin Erzieherin. Nicht Fotografin, nicht Programmiererin, nicht Webmaster, nicht Technikerin ... Ich kenne mich mit vielen Sachen aus. Aber muss ich von allem Ahnung haben, was derzeit hip ist?

Technisch bin ich also nicht immer auf dem neuesten Stand. Das kann man ja eigentlich auch gar nicht sein. Aber ich finde es komisch, dass ich mich so leicht stressen und mir ein schlechtes Gewissen machen lasse. Da ist es wieder! Es ist nicht gut, wenn wir uns vergleichen! Warum kann ich nicht einfach dazu stehen? Warum bewertet man etwas, was einem selbst gar nicht liegt, bei anderen als so fortschrittlich, modern und erstrebenswert?

Ich schreibe nach wie vor gerne Postkarten. Ich liebe es, hier und da lustige, nette, kreative Kärtchen zu kaufen und hin und wieder verschiedenen Leuten zu schicken. Ich weiß selbst, wie schön es ist, ab und an im Briefkasten eine persönliche Notiz zu haben, statt immer nur Rechnungen.

Da können mir e-cards noch so schmackhaft gemacht werden. Ich kaufe weiterhin Postkarten, freue mich an meiner Handschrift (lernen Kinder heute überhaupt noch schreiben?) und nehme in Kauf, dass der Weg zur Post für teure Briefmarken beschwerlich ist und Zeit kostet und dass meine Freundin frühestens 24 Stunden später die Postkarte in den Händen halten wird. Aber ich wette, sie freut sich darüber mehr als über eine e-card, eine SMS oder einen Chat zwischen ihrer Stadt und meiner. Es sei noch mal gesagt: Ich bin eine moderne Anfangdreißigerin, die eigentlich weiß, was hip und in ist. ABER: Ich will so bleiben, wie ich bin – technisch total zurückgeblieben und extrem uninteressiert! YES!

Vielleicht ist es auch meine Oma, die mir in meinem Leben immer wieder gezeigt hat, worauf es ankommt. Es sind die kleinen Dinge und die Beziehungen, die mir wichtig sind. Das kann bei anderen ganz anders sein. Aber ich bin halt eine Enkelin meiner Oma Ilse!

*

Ines Emptmeyer, Jahrgang 1977, Erzieherin in einer heilpädagogischen Wohngruppe. »Nebenbei« ist die freiberufliche Kreative, Initiatorin, Projektmanagerin, Querdenkerin, Mitglied im Vorstand von SPRING e.V., im Redaktionsteam der Zeitschrift *JOYCE* usw.

Frommer wird's nicht

Tamara Hinz

Habe heute folgenden Eintrag in einem alten Tagebuch von mir gefunden:

Ich freu mich auf den Abend. Bin den ganzen Tag nicht vor die Tür gekommen, meine körperliche Betätigung bestand darin, zwischen Bügelbrett, Waschmaschine und Kochtopf hin und her zu sprinten. Meine geistige Herausforderung erschöpfte sich im Abhören von Einmaleins und Lateinvokabeln. Nicht, dass ich das nicht gerne täte. Schließlich kann ich auf diesem Weg diverse Bildungslücken bei mir schließen. Aber jetzt lechze ich nach ein bisschen Zeit für mich selbst. Wie immer erreicht der Kampfgeist der Kinder gegen Abend seinen Höhepunkt, kleinliches Gezänk um Ich-weiß-nicht-was schallt durch das Haus. Ich versuche zu schlichten und merke an dem aufsteigenden Kribbeln in mir, dass mein Geduldsfaden sich im Endstadium seiner Auflösung befindet. Jetzt noch schnell die Kleinen ins Bett, etwas zu trinken bringen, lebenswichtige Fragen wie: »Warum braucht der Otter kein Handtuch, wenn er aus dem Wasser steigt?« beantworten (Kann man das, bitte schön, nicht früher klären?). Inzwischen gehen die Großen sich unten schon wieder an die Kehle, weil sie sich nicht entscheiden können, ob sie im Fernsehen Fußball oder eine dieser horizonterweiternden Comedyserien anschauen sollen.

Ich fahre dazwischen wie ein geölter Blitz und lasse, die Hand schon im Anschlag, einen Brüll ab, der selbst noch im Nachbarhaus die Wände wackeln lässt. Habe deswegen gleich darauf ein schlechtes Gewissen, weil ich mich nicht ein bisschen mehr zusammenreißen konnte. Schließlich schaffe ich es doch noch, mit dem letzten Rest an Selbstbeherrschung für klare Verhältnisse zu sorgen ...

Endlich kann ich die Haustür hinter mir zuziehen, der Nachbar bekommt nur ein kurzes Kopfnicken. Ich lasse mich ins Auto fallen und starte durch, der Gemeinde entgegen. Dort findet heute ein Bibelabend statt, das Thema weiß ich gar nicht mehr, ist auch nicht so wichtig. Ich freu mich einfach auf die Gemeinschaft mit anderen, freu mich auf eine Begegnung mit Jesus, ein bisschen Nestwärme, eine kleine Verschnaufpause, ein bisschen aufatmen, ein Wort, das mir Mut macht, auch morgen früh wieder aufzustehen und weiterzumachen in dem Wissen, Jesus geht mit mir.

In der Gemeinde angekommen werden Küsschen und Umarmungen ausgetauscht – ich bin zu Hause. Die Lobpreiszeit tut mir gut, ich merke, wie ich langsam zur Ruhe komme und meine innere Anspannung sich löst. Der Referent steht auf. Nett sieht er aus, hoffentlich hat er auch was Nettes zu sagen, denke ich. Aha, heute soll es also um das Thema »Gemeinde und Mission« gehen. Er beginnt mit der Weltmission und nennt viele interessante Daten und Fakten. Dann geht es um unsere Kinder, was mich als Mutter naturgemäß besonders aufhorchen lässt. »Wir müssen unseren Kindern den Gedanken an die Weltmission viel stärker weitergeben. Wann haben Sie das letzte Mal ihren Kindern etwas von Missionaren und anderen Christen in entfernten Ländern dieser Welt erzählt?« Mit fragend erhobenen Augenbrauen und gerunzelter Stirn blickt er sich um. Ich mache mich auf meinem Stuhl ganz klein. Lang, lang ist's her, denke ich. Recht hat er ja, ich müsste unbedingt mal wieder ... Vielleicht abends mit den Kindern ein Buch über Missionare lesen. Sehe in Gedanken schon das begeisterte Gesicht meiner Großen vor mir, wenn ich ihre unglaublich wichtige Suche nach Deutschlands Superstar unterbreche, damit sie zur Abwechslung mal zu meinen Füßen sitzend vom Leben und Wirken diverser Missionare hören dürfen. Aber dann fällt mir zu meinem Entsetzen ein, dass ich selber abends so ausgepumpt bin, dass ich froh bin, wenn ich Abendessen, Zähneputzen, gemeinsame Spiele und Gutenachtgebet ohne größere Aussetzer meinerseits über die Bühne bringe. Diashow über Südafrika? Ratequiz, in welchem Land die meisten Unbekehrten herumlaufen? Memoryspiel, welches Missionarsehepaar zusammengehört? Nie im Leben kriege ich das hin.

Ich hole meine abschweifenden Gedanken zurück und richte meine Aufmerksamkeit wieder auf die Ausführungen des Redners. Der ist mittlerweile bei seinen Fähigkeiten als Inlandmissionar angekommen. Sieh an, sieh an, da hat er doch tatsächlich seinen Zahnarzt zum besten Freund erkoren und kann nun ganz ungeniert zwischen Spritze und Prothesenwechsel mit den anderen Patienten über den Glauben plaudern. Ich knicke innerlich zusammen vor so viel Geistlichkeit. Bin ich doch froh, wenn ich meinen Zahnarzt nur von hinten sehe und so schnell wie möglich wieder raus bin aus dem Laden! Also das funktioniert bei mir garantiert nicht. Aber bei meinem Frauenarzt könnte vielleicht etwas möglich sein. Beginnende Inkontinenz ist doch sicher das Thema schlechthin, das eine Überleitung zu einem Bekenntnis meines Glaubens spielend möglich macht. Oder doch lieber der Kinderarzt? Bei dem halte ich mich mit vier Kindern turnusmäßig im fünfwöchigen Abstand auf, also eine Kinderstunde im Wartezimmer müsste da mindestens drin sein.

»... denn wir verbringen viel zu viel Zeit in unseren Gemeinden und Veranstaltungen, während draußen die Menschen reihenweise verlorengehen. Wie viel Zeit verbringen Sie mit den Menschen dieser Welt? Haben Sie unter ihnen überhaupt Freunde?« »Siehste«, schicke ich meine Gedanken zu meinem mir angetrauten Pastor, der neben mir sitzt. »Völlig unnütz, dass du jeden Abend dein armes Eheweib allein lässt und dich in überflüssigen Gemeindeveranstaltungen rumtreibst. Könntest stattdessen mit mir bei lauschigen Grillpartys die Nachbarschaft kontaktieren und ihnen von deinem Herzensanliegen erzählen.« Dabei lässt unser derzeitiger Lebenswandel für kaum mehr Raum als ein freundliches »Hallo« über den Gartenzaun.

Mit jedem Satz des Redners fühle ich mich kleiner, unfähiger und unvollkommener, alle weiteren Ausführungen von ihm werfen ein grelles Scheinwerferlicht auf meine Mängel, sodass ich mich am Ende frage: »Mache ich überhaupt noch etwas richtig?« Mich dünkt, mein Leben hat eine gründliche Runderneuerung nötig.

Als Plädoyer für einen gästeorientierten Gottesdienst witzelt der Redner nun frohsinnig: »Christen scheinen zu der aussterbenden Gattung Mensch zu gehören, die Sonntag für Sonntag zu einer Uhrzeit, wenn alle normalen

Menschen noch schlafen, in die Kirche gehen. Sie singen Lieder, die keiner sonst singt, und hören ohne Werbeunterbrechung 45 Minuten jemandem zu, wenn er über ein Thema spricht, das heutzutage keinen interessiert. Normal ist das nicht.« »Ja«, denke ich insgeheim, »und sie gehören zu der aussterbenden Gattung Mensch, der sich Woche für Woche freiwillig Leuten wie dir aussetzt und sich 45 Minuten lang vorhalten lässt, was er alles falsch macht und wie viele Defizite er hat. Normal ist das *auch nicht.«*

Noch heute, einige Jahre später, spüre ich die Wut, die jedes Mal in mir hochstieg, wenn ich nach einem anstrengenden Tag als Familienfrau voller Sehnsucht nach Stärkung und Ermutigung eine »fromme« Veranstaltung besuchte und den Eindruck hatte: Auch hier werde ich wieder nur mit Ansprüchen und Forderungen bombardiert. Ging es ums Thema Familie, wurde ich angemahnt, mehr Zeit mit meinen Kindern zu verbringen, mich um gescheite Familienandachten zu kümmern und ihren Medienkonsum rund um die Uhr im Blick zu haben. Ich wäre schließlich dafür verantwortlich, dass sie nicht mit all dem verderbten Gedankengut verseucht würden. Schon klar. Bei »normalen« Bibelarbeiten wurde unter Garantie der Fokus auf die Diskrepanz zwischen dem Gelesenen und dem eigenen Leben gerichtet. In Lobpreiszeiten sollte ich mich flugs von den mitgebrachten Lasten befreien und meinen Blick ausschließlich auf den Herrn richten. Das gelang mir meistens nur mäßig. Oft war ich noch viel zu angespannt, zu müde, zu genervt, als dass diese Radikalkur bei mir gewirkt hätte. Oh Gott, was war ich bloß für eine Niete, wenn es mir noch nicht einmal gelang, ihn gescheit anzubeten! Und Thema Mission? Na, das hatten wir ja schon.

Nun sind diese Impulse ja nicht verkehrt und müssen durchaus gehört werden. Und es mag sein, dass ich ein extremes Sensibelchen bin, das sich jeden Schuh, ob er nun passt oder nicht, anzieht. Aber darüber hinaus sitzen in unseren Gemeinden in der Regel nicht gerade Frauen vom Typ: Mir-ist-alles-egal-und-ich-mach-mir-keine-Gedanken, sondern eher Frauen, die ihr Leben sehr reflektiert, sehr verantwortungsbewusst und verbindlich leben. Die sich eher zu viel als zu wenig Gedanken machen. Die eher von Schuldgefühlen über Versäumtes und Nicht-Geschafftes geplagt sind, als dass sie vor Begeisterung über ihre Erfolge schier aus der Haut fahren.

Die eigene Leistung wahrzunehmen, sich selbst wertzuschätzen und Geschafftes anzuerkennen scheint mir nicht gerade ein typisches Merkmal von Frau zu sein. Auch nicht von der frommen Frau. Frau stapelt eher tief und erlebt sich defizitär – und bietet damit eine perfekte Plattform, um subtile Schuldgefühle zu wecken. Da ist die fromme Frau nicht anders als die nicht fromme – nur dass sie andere Themen in Sachen Selbstbeschämung hat. Und obwohl oder gerade weil das so ist, scheinen auch die Frommen nichts Wichtigeres zu wissen, als uns versteckt oder offen unsere Defizite vor Augen zu führen und uns deutlich zu machen, dass wir noch nicht da sind, wo wir hingehören.

Zu meiner eigenen Schande muss ich aber gestehen, dass ich selbst lange Zeit nach diesem Muster geredet und gelebt habe. Die jüngeren Jahre waren bei mir davon gekennzeichnet, mich selbst und andere permanent anzutreiben. Davon blieb auch mein geistliches Leben nicht verschont. Es konnte nicht radikal und kompromisslos genug sein. »Immer mehr von dir, immer mehr« war ein häufig gesungenes Lieblingslied. Es reichte nie. Gebetet wurde immer zu wenig – und »wenn wir mehr beteten, würde auch in Gemeinde und Welt mehr passieren«. Mein missionarisches Engagement reichte nie, meine Hingabe war nicht radikal genug, und ob ich Jesus genug liebte? Das blieb doch sehr zu bezweifeln. Nicht selten waren diese Gedanken begleitet von ständiger Unzufriedenheit mit mir und der Christenheit im Allgemeinen. Häufig blieb der schale Geschmack permanenten Versagens zurück, weil ich die Latte, die ich so hoch gehängt hatte, wieder einmal selbst verrissen hatte. Bis ich unter meinen eigenen Forderungen regelrecht zusammenklappte. Bis ich mich selbst durch die überhöhten Ansprüche so weit heruntergewirtschaftet hatte, dass ich froh war, wenn ich überhaupt noch auf allen vieren unter der Latte hindurch*kriechen* konnte. An diesem Punkt musste ich eine Entscheidung treffen: Wollte ich diesen Sklaventreiber »Glauben« überhaupt noch länger in meinem Leben dulden?

Diese Entscheidung zu treffen fiel mir erstaunlicherweise relativ leicht. Ich wusste: Ich will mich verändern und die ungesunden Tendenzen aus meinem

Leben rausschmeißen. Aber ich war nicht bereit und willens, meinen Glauben und meine Beziehung zu Gott mit über Bord zu werfen – dafür waren sie mir zu wichtig. Dafür war zwischen Gott und mir zu viel passiert und zu viel gewachsen. Ich wusste, Gott ist real und Jesus, der Sohn Gottes, lebt – den Glauben daran konnte und wollte ich nicht aus meinem Leben ausquartieren. Aber es ging darum, echte, geistliche Wahrheit, die sich mit völlig verquerem menschlichem Anspruchsdenken verheddert hatte, wieder zu »entheddern«.

Denn es wollte mir nicht in den Kopf, dass dieser Jesus, der die Liebe Gottes in Person war und ist, der Menschen heil gemacht hat und uns vorgelebt hat, wie ein gutes, gesundes Menschsein aussehen kann, dass dieser Jesus, mit dem ich schon so viel erlebt und dessen Liebe ich so oft gespürt hatte, irgendetwas bei mir hervorruft und fordert, was verbogen oder krank macht. Ich wollte mich von einem krank machenden Glauben verabschieden – aber nicht von Jesus.

Darum habe ich mich noch mal auf die Suche begeben nach diesem Jesus. Dem Jesus, den ich auf meiner beschwerlichen, frommen Reise irgendwo verloren hatte. Und ich bin einem Jesus begegnet, der sehr viel wohlwollender auf mich blickt, als ich selbst es tue, einem Jesus, der nicht ständig etwas von mir will und an mir herumnörgelt, sondern der sich einfach nur freut, mit mir zusammen zu sein, einem Jesus, der mir und vielen anderen Frauen bei unserem Lebenslauf viel häufiger, als wir selbst es glauben, mit stolzgeschwellter

Brust zujubelt: »Klasse gemacht! Das hast du toll hinbekommen! Du gibst dir so viel Mühe für mich – das berührt mich zutiefst! Du bist eine wunderbare Frau!«

Heute habe ich den Mut, zufrieden zu sein. Mit mir, mit meinem ganzen Sosein und mit meinem geistlichen Leben. Ich freue mich an dem, was ist, und das, was nicht ist, muss ich auch nicht mehr mit Brachialgewalt verändern oder aus dem Boden stampfen. Ich muss nicht immer weiter, höher und schneller, sondern habe mein eigenes Tempo gefunden und lasse mich von mir und anderen nicht mehr ständig vorwärtstreiben. An manchen Punkten meines Lebens gestehe ich mir ein: »Das, was ich in dieser oder jener Situation zustande bringe, ist das Bestmöglichste, was ich hinkriege. Frommer wird's einfach nicht.«

Heute höre ich genau hin, was mir auf Seminaren, in Predigten und Bibelgesprächskreisen gesagt wird. Und dann prüfe ich sehr genau, ob das, was mir da jetzt angetragen wird, auch wirklich mein Lebensthema, meine Baustelle ist. Oft genug ist es das nämlich gar nicht. Und wenn doch, mache ich mich auf den Weg. Mit kleinen, zu mir passenden Schritten. Entspannt und mit einer positiven Grundhaltung mir selbst gegenüber gehe ich Schritte der Veränderung, um Jesus ähnlicher zu werden.

Und wenn gar nichts hilft, ist die beste Waffe immer noch mein Humor. Das ist der ultimative Geheimtipp gegen das schmuddelige Ich-krieg-das-alles-nicht-hin-Gefühl. Da hatten wir doch kürzlich wieder so einen Weltverbesserer oder besser »Christenverbesserer« bei uns in der Gemeinde. Nach der Veranstaltung bot ich ihm noch eine Tasse Kaffee an. Ich weiß als Frau des Pastors schließlich, was sich gehört. Und ei siehe da, fragte der Kerl mich doch wirklich, was *mir* denn durch das Gesagte wichtig geworden sei. Wissen Sie, was ich da gesagt habe? »Oh, ich (bedeutungsschwangere Pause) ... ich habe bei Ihrem Vortrag mein Leben wie in einem Spiegel vor mir gesehen.« Ich blickte ihm tief in die Augen. Nicht, was Sie jetzt denken – nein, der Blick eines reuigen, tief betroffenen Menschen. Der Redner blickte mir, in Erwartung, dass ich nur drauf wartete, meine Schlechtigkeit zu outen, ebenfalls tief in die Augen. »Und ich hab mich so sehr gefreut über alles, was mir gut gelingt. Über das, was Jesus in mir und durch mich schon getan hat. Ich hab heute gemerkt: Ich kann richtig stolz auf mich sein.« Dabei strahlte ich ihn mit meinem schönsten Schau-her-was-ich-für-eine-tolle-Frau-bin-Lächeln an. Für den Bruchteil von Sekunden fehlten ihm doch tatsächlich die Worte. Dann breitete sich ein Grinsen auf seinem Gesicht aus, das alle verbissenen Züge löste, und er sprach die wegweisenden Worte: »Na, Sie sind mir ja eine ...«

Tamara Hinz ist Mutter von vier Kindern im Teenageralter. Zur Zeit wohnt sie mit ihrer Familie in Schwalmtal, einem kleinen Örtchen am Niederrhein. Sie schreibt gern und ist Autorin einiger Bücher (Brockhaus-Verlag) und etlicher Artikel in den Zeitschriften *Aufatmen*, *JOYCE* und *family*.

Die vollkommene christliche Frau

Bridget Plass

»Ich bin so froh, Sie endlich mal kennenzulernen.«

Meine Hände sind fest umklammert von denen unseres wohlwollend lächelnden Gastgebers, an dessen Geschichtenerzähl- und Gedichtleseabend wir beide, mein Mann Adrian und ich, teilnehmen.

»Wissen Sie, was ich immer zu sagen pflege, ist ...«

Alles in mir strebt danach, meine Hände aus seinem festen, freundlichen Griff zu reißen. Natürlich weiß ich, was er immer zu sagen pflegt. Den gleichen herablassenden Satz, den so viele christliche Männer gerne sagen.

»... dass hinter jedem großen Mann eine wundervolle christliche Frau steht. Ich möchte Ihnen einfach dafür danken, dass Sie Ihren Mann bei seinem wertvollen Dienst unterstützen ...«

Das Nicken, das das Kompliment begleitet, ist beinahe noch herablassender als das Lächeln. Zuversichtlich wartet er darauf, dass ich mich erfreut zeige. Ich lächle zurück und bedanke mich bescheiden, aber ich hätte gute Lust, ihn dahin zu bringen, dass ihm das Lächeln vergeht.

Verstehen Sie mich nicht falsch. Ich bin unglaublich stolz auf meinen Mann, und selbstverständlich versuche ich, ihn bei seiner Arbeit zu unterstützen –

genauso, wie er mich bei meiner Arbeit unterstützt. Genauso, wie wir es immer getan haben und immer tun werden.

In den ersten zehn Jahren unserer Freundschaft und Ehe lebten wir in seliger Unwissenheit der Tatsache, dass es eine separate Spezies gibt, die auch als »christliche Frau« bezeichnet wird, und deren Erscheinungsbild und Eigenschaften genau festgelegt sind. Ich denke, wenn ich das gewusst hätte, hätte ich mich so schnell wie möglich aus dem Staub gemacht.

Als ich ein Teenager war, hatte ich massiv Druck erlebt, bestehenden Normen entsprechen zu müssen. Zu Hause dem Mittelschicht-Bild von Mäßigung und Korrektheit, wo nur glatte Einser akzeptabel waren und unsere »ausgewogenen Mahlzeiten« viel Hackbraten enthielten. In der Schule dem Konzept des »Teenagers«, das Rebellion zum Pflichtfach machte und Elvis zum »King«, das kurze Röcke verlangte und pummelige Schenkel zum Verbrechen erklärte. Ich wurde magersüchtig. Schrumpfte mich auf eine akzeptable Größe zusammen, konnte dann mit dem Schrumpfen nicht mehr aufhören und verschwand fast ganz. Nach Jahren der Genesung von Depressionen, als ich gerade darum kämpfte, zu akzeptieren, wer ich war, traf ich meinen Mann Adrian. Zu dieser Zeit befanden wir uns beide in einer Schauspielausbildung. Wir waren froh, gleich zu sein. Ich schnitt besser bei den Prüfungen ab und war deshalb qualifizierter. Er war cleverer, witziger und hatte eine stärkere Gesichtsbehaarung. Schon kurz nach unserer Hochzeit entdeckten wir, dass wir mit den meisten Männlich/Weiblich-Stereotypen nichts anfangen konnten, und ganz ohne eingehende Beratung in Anspruch zu nehmen, tauschten wir viele Rollen.

Und das funktionierte – vor allem, weil wir einen wahrhaftigen und sich ständig vertiefenden Glauben an Gott entwickelten und versuchten, auch wenn es uns nur gelegentlich gelang, zu leben, was wir glaubten.

Dann traten wir einer charismatischen, evangelikalen Kirchengemeinde bei, und der Albtraum meiner Teenagerzeit begann sich zu wiederholen.

Die erste schlechte Erfahrung machte ich bei einer Veranstaltung, die bei uns zu Hause stattfand. Ein Gastredner aus den USA leitete eine Diskussion zu einem Thema, das mir sehr am Herzen lag. Ich genoss den Abend ungemein, fühlte mich absolut in der Lage, meinen Standpunkt zu vertreten, und freute mich an der Debatte. Am nächsten Tag fand ich ein kleines Päckchen in meinem Briefkasten. Es war ein Buch mit dem Titel: »Wie man eine vollkommene christliche Frau wird«. Und da war sie – und lächelte mich vom Cover aus irgendwie bedrohlich an. Fluoreszierende Zähne, hübsch, aber gleichzeitig bescheiden, hinter ihr, auf einem blank polierten Tisch, selbst gebackener Kuchen neben einer Vase mit einem kunstvollen Blumenarrangement. Ich konnte sie auf Anhieb nicht ausstehen!

Aber dieses Buch und das, was unsere Kirchengemeinde lehrte, wirkten auf mich in ähnlicher Weise wie der Druck, den ich zu Schulzeiten erlebt hatte. Ich wollte so sehr dazugehören, Gott und meiner Gemeinde so sehr gefallen, dass ich bereit war, alles zu tun, was dafür nötig war, obwohl ich wusste, dass es dem Versuch gleichkam, mich in ein Kleidungsstück hineinzuzwängen, für das ich erst abnehmen musste, um es anziehen zu können. Ich beschränkte also meine geistliche »Nahrungszufuhr« auf ein Menü aus Sanftmut und Zurückhaltung und versuchte, eine Art spirituelle Fettabsaugung bei mir selbst durchzuführen. Ich hörte auf, bei Veranstaltungen zu sprechen, und ließ es zu, dass ich zu einer jener »Küchen-Frauen« wurde, die ihren Kopf nur dann und wann aus der Küchentür strecken, um sich eine Runde »wohlverdienten Applaus« abzuholen, während sie damit beschäftigt sind, das Geschirr von Männern zu spülen, die gerade ein opulentes Frühstück verzehrt haben. Ich besuchte Frauenfrühstücke und Hausfrauengruppen, trug mich für das Blumendekorations-Team ein und biss die Zähne zusammen, bis mir der Kiefer schmerzte. Ich fühlte mich wie ein Bürger zweiter Klasse im Reich Gottes, einmal mehr in den äußeren Tempelbezirk verbannt.

Es ging mir unglaublich schlecht, und ich fühlte mich wie eine totale Versagerin, aber gleichzeitig geschah noch etwas anderes. Ich erkannte, dass ich es satt hatte, jemand sein zu wollen, der ich nicht war. Und, noch wichtiger, ich erkannte, dass Gott ein Teil meines »Zuhauses« war, wo ich das Gefühl hatte, sein zu können, wie ich war. Ich musste nichts vortäuschen oder meine Worte genau abwägen oder den Mund halten oder mich verrenken, wenn ich in Seiner Gegenwart war. Ich konnte frei mit meinem Vater im Himmel sprechen, in dem Wissen, dass er mich liebt, genau so wie ich bin, unschöne Beulen inklusive. Ich schüttete mein Herz bei ihm aus – alle Ängste, Sehnsüchte, Hoffnungen und Enttäuschungen, die ich in Bezug auf die Kirchengemeinde hatte, in die ich ging – wenn ich zu Gott selbst ging! Wie bizarr das war!

Und schließlich, mit Anfang vierzig, fasste ich den Mut, mich denen zu stellen, die mich unter Druck setzten, einem absurden, stereotypen Bild zu entsprechen, das hauptsächlich auf einer fehlerhaften männlichen Auslegung der Lehren von Paulus beruhte. Endlich gestattete ich mir, dem zu vertrauen, was ich wusste – dass die Bibel uns die Wahrheit lehrt, aber nicht die ganze Wahrheit. Das ist nicht respektlos gemeint. Dennoch glaube ich aufrichtig, dass das etwas sehr Wichtiges ist. Ich werde oft gefragt, üblicherweise nach einer von Adrians Veranstaltungen, bei der die Leute sich fast schlappgelacht haben:

»Wo findet man Humor in der Bibel?«

Nun, ich persönlich finde nicht, dass die Bibel ein sehr lustiges Buch ist. Aber ich weiß, dass in jedem Baby, das Gott erschaffen hat, ein Kichern steckt. Ein Baby beginnt zu lachen, lange bevor es sprechen kann und bevor ihm die Welt gesagt hat, wie es zu sein hat.

In jedes Baby legt Gott auch eine ganze Menge besonderer Fähigkeiten, Talente und Charaktereigenschaften. Er gibt sie – ohne irgendwelche Unterschiede zu machen – Mädchen und Jungen gleichermaßen. Mein ältester Sohn und meine Tochter sind sich in ihrem Temperament und ihren Talenten sehr ähnlich. Meine beiden mittleren Söhne dagegen unterscheiden sich in ihrer Persönlichkeit stark von ihrem ältesten Bruder.

Mit Sicherheit liegt es in unserer Verantwortung, das Beste aus uns zu machen, was wir können, ohne Rücksicht auf unser Geschlecht. Diese Talente und Gaben zu entwickeln und sie Gott zu geben, damit Er sie gebrauchen kann.

In seinem Brief an Timotheus schreibt Paulus von einem großen Haushalt, in dem einige Gefäße aus Gold und Silber gemacht sind und andere aus Ton und Holz. Einige von ihnen sind etwas Besonderes, und andere sind das nicht. Genauso ist das mit Menschen. Wenn wir diese Worte lesen, wissen wir, wer diejenigen sind, die aus Gold und Silber gemacht sind – sie haben all die Dinge, die uns fehlen! Wir sind es jedenfalls nicht. Es ist ein bisschen so, wie wenn man ein Gruppenfoto anschaut. Auf wen sieht man zuerst? Sich selbst. Richtig. Aber was sieht man? Seine schlimmsten Züge. Paulus schreibt weiter, dass diejenigen, die aufhören Böses zu tun und sich nach Heiligung ausstrecken, etwas Besonderes sein werden und von Gott gebraucht werden können, um Gutes zu tun.

Ich glaube, dass die Bibel die Geschichte eines sich nicht verändernden Gottes und sich ständig verändernder Menschen und Gesellschaften erzählt, und meine Position auf dem Zeitstrahl ist nicht die von Ruth oder Maria oder Dorkas. Ich wurde nicht in Marias jüdische Welt hineingeboren, in der Frauen den inneren Tempelbezirk nicht betreten durften, keinen Zugang zu Bildung hatten und wahrscheinlich nicht lesen konnten. Ich wurde auch nicht in Dorkas' aufgeklärteres Früheuropa hineingeboren, wo Frauen begannen, Zugang zu Bildung zu erhalten, ein Geschäft führen durften und in begrenztem Maße Einfluss hatten.

Ich werde mich hier als eine christliche Frau des 21. Jahrhunderts »outen«, die miserabel darin ist, Blumen zu dekorieren, hoffnungslos darin, Kuchen zu backen, der es schwerfällt, den Mund zu halten, die aber dafür gar nicht mal schlecht predigen und Gruppendiskussionen leiten kann und eine gute, leidenschaftliche verbale Auseinandersetzung zu schätzen weiß.

Und sollte Gott sich nicht dafür entscheiden, mir das geistliche Äquivalent eines Magenbandes zu verpassen, hoffe ich, dass ich das auch weiterhin tun werde.

*

Bridget Plass, Mutter von vier Kindern und Ehefrau von Adrian Plass, ist bereits durch mehrere Veröffentlichungen in Erscheinung getreten. Sie lebt mit ihrer Familie in Südengland.

Die Herrin der Ringe

Hannelore Schnapp

Es begann alles an einem dieser Morgen gegen 6.00 Uhr in meinem Badezimmer. Wie immer, seit ich die Schallmauer der 45 überschritten habe, mochte mich mein Spiegel nicht leiden. »Siehst sagenhaft aus, altes Mädchen«, sagte er zu mir. »Du kennst doch Tolkien und seinen Herrn der Ringe. Heißt es da nicht in einem Satz: ›Ein Ring sie zu knechten ...‹?« Altes Miststück. Na klar, der Spiegel ist männlich!

»Von wegen, ein Ring. Wenn es nur einer wäre!«, stellte ich beim Anblick meiner beiden Augenringe fest. Schwere braune Tränensäcke, die meine gesamte Gesichtshaut nach unten zogen. *Bald muss ich Hundesteuer bezahlen*, dachte ich. *Ich komme mir immer mehr vor wie ein chinesischer Faltenhund, diese Rasse, bei der sich die gesamte Haut in dicken Ringen und Falten über das Tier schiebt und erst hinter der Schwanzspitze aufhört.*

Müde und verschlafen drückte sich meine Tochter ins Bad und erwischte mich bei der Begegnung mit meinem Spiegelbild.

»Versuch's mal mit einer Antifaltencreme, Mama. In deinem Gesicht herrscht langsam Lawinengefahr.«

Super! Das sagte die Spezialistin, die Queen des Kaschierens und Pickelabdeckens. Genervt starrte ich auf den leuchtendroten Mitesser zwischen ihren Augen.

»Schau dich mal an! Du siehst selber aus wie das letzte Einhorn!«

»Danke auch! Musst ja nicht gleich verletzend werden, nur weil du Kritik nicht vertragen kannst. Ich gehe unten duschen.«

Ich war wieder allein. Meine Hände tasteten über meine Augenringe. Vielleicht sollte ich wirklich ...? Marita, meine Nachbarin, schwörte auf Schwarzteekompressen.

Ob die auch gegen die anderen Ringe halfen? Ich öffnete meinen Bademantel und ließ meinen Blick an meinem nackten Körper hinunterwandern. *Warum habe ich trotz meines Freischwimmers eigentlich die Schwimmreifen behalten? Warum umlagern sie hartnäckig meinen Körper?*, dachte ich.

»Ich bin zu dick«, stöhnte ich, als mein Mann ins Bad kam.

»Nicht doch, mein Täubchen. Du bist genau richtig. Ich liebe dich so, wie du bist.«

»Schau dir diese Ringe an. Da und da und da. Alles Fett. Wie kannst du so etwas lieben, wenn ich mich nicht einmal selber lieben kann?«

Martin hatte heute Morgen beim Anblick meines Körpers am liebsten noch mal eine Runde kuscheln wollen. Was er auf keinen Fall wollte, war Streit. Ich merkte, wie er um die richtigen Worte rang. Versöhnlich Stimmendes war angesagt.

»Mein Schatz, dann bist du eben meine Ringeltaube!«

Ringeltaube? So ein vollgefressenes, fettbäuchiges

Federvieh aus der Innenstadt? Ich? Meine Augen samt Ringe ließen sein Lächeln gefrieren. Sein Gesicht versteinerte, als er sah, wie ich zur Toilettenbürste griff.

»Hanna, das wirst du jetzt nicht tun. Ich habe schon mein gutes Hemd an ...«

Er wich aus und versuchte, durch den Spalt der Badezimmertür auf den Flur zu entwischen.

»Raus! Und dein Frühstück kannst du dir selber machen!«

Zorn und Hitze stiegen gleichmäßig in mir hoch. Ich setzte mich auf den Toilettendeckel, die Bürste in der Hand, meinen geringelten Körper in meinen Bademantel gehüllt. *Ich sehe aus wie die Freiheitsstatue, genauso alt. Und ich fühle mich noch älter.*

In meiner Fantasie lief ein ganzer Werbefilm über wahre Schönheit ab, über die Produkte, die ich mir nur kaufte, weil ich es mir wert war. Es war ein langer Film. Die Models in der Werbung trugen mein Gesicht: jung, schön und ringfrei.

Langsam wurde mir kalt. Wie leise es war. Mein Mann und meine Tochter waren schon unterwegs, den Hund hatten sie wahrscheinlich gefüttert. Und ich? *Was stelle ich heute mit meinem freien Tag an?*

Ich machte mich fertig und ging hinunter.

»Ihr könnt mich mal«, sagte ich sauer, als ich sah, dass sie das Frühstücksgeschirr über die ganze Küche verteilt hatten. Der Hund, versorgt und müde, lag auf der Couch und schnarchte.

»Ich fahre heute in die Stadt, frühstücken, bummeln, die Kreditkarte belasten.«

Im Café ließ ich es mir und meinen Ringen so richtig gut gehen. Der Sekt hob die Stimmung, die Croissants mit frischem Lachs mein Gewicht. Auf wunderbare Weise straffte ein großer, duftender Schokomuffin beim Kauen mein Gesicht. *Warum soll ich mir Kakaobutter auf meine Haut schmieren, wenn Schokolade mir so viel schneller hilft?* Der Herr neben mir war gegangen und hatte seine Zeitung liegen lassen. Ich drehte mich kurz um, ob jemand sah, dass ich nach der Zeitung griff. Dann blätterte ich oberflächlich darin herum. Fügung oder Schicksal – mein Blick fiel auf die Werbung eines Fitnessstudios:

»Neueröffnung für Sie! Power-Women for Power-Bodies – Yes we can! Gemeinsam mit anderen Frauen zum Traumkörper. Bei uns ist Fitness weiblich! Wir informieren Sie gerne über unsere Fitnessflatrate, Schnupperkurse und Sonderangebote.«

Warum eigentlich nicht? Ich könnte es ja mal probieren. Und nur Frauen, die gaffen vielleicht nicht so auf meine Rettungsringe, dachte ich und zahlte. Schon auf dem Weg zum Power-Body fühlte ich mich beschwingt und mindestens fünf Ringe leichter. *Ringfrei! Ich komme!*

Mit einer gewissen Kampfesstimmung betrat ich das Fitnesscenter. Eine athletische Sie mit einer Wespentaille und dem Schulterpaket eines Arnold Schwarzenegger besprühte mit einem Frischluftspray »Duftnote Piña Colada« eine Oase aus Plastikpalmen mit Strandbar. Ihr Körper zuckte gleichmäßig zur Musik einer Power-Aerobic-Stunde im Nachbarraum, wo ein sonnengebräunter Adonis unter ständigen Appellen mindestens 10 Zentner Depotfett einer Damengruppe zum Schwingen brachte.

Vor dem Tresen der Strandbar lackierte sich eine rothaarige Schönheit ihre Fingernägel. Sie erinnerte mich an eine Schaufensterpuppe. Alles an ihr war falsch – von den Wimpern über die Lippen bis zu den Brüsten. Ab und zu griff sie zur Zigarette und blies den Qualm über die Theke, der türkischen Reinigungskraft ins Gesicht. Fast wollte ich die Flucht ergreifen, da hatte mich die Sprühfrau gesehen.

»Hallo, du. Komm rein! Na, auch was für deinen Körper tun? Also ich bin die Bea, und du?«

»Hanna ...«

»Hallöchen. Womit fangen wir denn bei dir an? Ah, ich seh schon!«

»Eigentlich wollte ich mich nur mal informieren«, stotterte ich.

»Na klaro! Zieh erst mal den Mantel aus und nimm an der Bar Platz. Kleiner Hauscocktail, und dann sprechen wir über deine Pölsterchen und wie wir sie ganz schnell loswerden. Mach Platz, Aysah. Wie lange willst du denn hier noch rummachen? Los, wisch den Eingangsbereich und dann die Klos. Fürs Gaffen gibt's nix!«

Unauffällig verschwand die türkische Frau zur Tür und begann dort zu fegen.

»Also ich wollte ...«, begann ich vorsichtig.

»Klar, sehe ich schon. Zu viel Fett. Ja, ja, die bösen Ringe. Typisch für Frauen in deinem Alter. Aber keine Sorge, ich arbeite mit dir ein Fatburn-Programm aus, dazu noch unsere Eiweiß-Spezial-Diät und zwei Mal in der Woche Aerobic bei Boris im Spiegelzimmer.« Bea winkte dem braunen Adonis zu.

»Ist das nicht ein süßer Schoko-Crossi? Boris kommt von Barbados. Bei ihm schmelzen die Frauen nur so dahin.« Bea sah in mein Gesicht.

»Und gegen deine Hundeaugen machen wir auch was. Ludmilla, schau mal!«

Die rothaarige Kunstpuppe drückte ihre Zigarette aus. Mit ihren nach Nikotin stinkenden Fingern strich sie über mein Gesicht und meine Augen.

»Krisst Bolschoi-Spezial-Maske von mirr!«, hauchte Ludmilla mit russischem Akzent. »Ludmilla war mal Visagistin beim Bolschoi-Ballet.«

Mich erinnerte Ludmilla eher an eine Prostituierte vor der KGB-Zentrale in Moskau.

»Und weil du es bist und wir gerade unsere Schnupperangebote haben, bieten wir dir alles zu einem einmaligen Einstiegspreis von 350 Euro an. Na, was sagst du?«

Ich war platt. So hatte ich es mir in meinen schlimmsten Albträumen vorgestellt. Aber vielleicht träumte ich das alles nur und saß immer noch auf der Toilette, mit der Bürste in der Hand? Nein. Ich saß zwischen Schwarzenegger und dem KGB, die darauf warteten, mich für teures Geld von meinen Ringen zu befreien. Wie kam ich da jetzt raus?

»Ich nehme gerne die Infos mit nach Hause,« sagte ich, und der Schweiß stand mir auf der Stirn.

»O.k. Aber überleg nicht zu lange, Mädel, nächste Woche steigen die Preise.«

Ich rutschte meinen Barhocker hinunter.

»Kann ich mal Ihre, äh, eure Toilette benutzen?«

»Klaro. Direkt hinter Boris.«

Die Toilette war nicht benutzbar, da Aysah den Fußboden gerade in ein Schaumbad verwandelt hatte.

»Warrum du hirr?«, fragte sie mich. »Du schönne Frau. Männer nicht mögen dünn wie Bea.« »Mein Mann findet mich auch schön. Aber ich finde mich zu dick.«

»Machen Mantel auf. Du super Figur für Bauchtanz. Nix Aerobic. Lass Körper schwingen zu Musik. Komm mit in mein Gruppe. Wirr alle so wie du. Macht Spaß und gutt für Bauch.«

Das war vor zwei Monaten. Ich bin gerade dabei, meine Tasche zu packen. Heute ist Bauchtanz angesagt. Gymnastikschuhe, mein grünes Organzakostüm, meine Tücher und meine CD mit arabischer Musik. So, jetzt habe ich alles.

Ich bin die Herrin der Ringe. Meiner Ringe. Ringfrei muss nicht sein, denn ich lasse meine Ringe lieber schwingen.

*

Hannelore Schnapp, Autorin christlicher Frauenliteratur (Neukirchener Verlagshaus), arbeitet als Lehrerin am Neukirchener Berufskolleg. In der Kirchengemeinde leistet sie als Diakonin mit Ordination ehrenamtlichen Predigtdienst. Freiberuflich leitet sie Fortbildungen in Gemeinden, Kindergärten, Schulen und in der Erwachsenenbildung im Fach Religionspädagogik.

Altern ist nichts für Feiglinge

Monika Blankenberg

Kennen Sie auch diese Tage, an denen Sie die Erkenntnis trifft? Sie tapsen morgens ins Badezimmer, schauen in den Spiegel und fragen sich: »Wem gehört nur dieses Gesicht?« Gestern Abend haben Sie noch in alten Fotoalben geblättert und viele nette, strahlende Gesichter gesehen – aber dieses war nicht dabei. Und Sie pflegen es, ja Sie schminken es sogar und befehlen ihm dann: »Raus aus meinem Bad!« Aber nichts geschieht. Es blinzelt nur schlaftrunken und verständnislos zurück. Der Tag fängt ja gut an, ein alterndes Frauengesicht in meinem Spiegel.

Etwas später beim Frühstück lesen Sie in der Zeitung einen Artikel über die alternde Gesellschaft, die das Gesundheitssystem belastet, die Rentenkasse plündern will und die Alterspyramide auf den Kopf stellt. Und in diesem Augenblick trifft Sie der Schlag der Erkenntnis, und Sie wissen ganz genau: »Die meinen auch mich!«

Pah! Was heißt denn schon alternde Gesellschaft. Ich gehöre schließlich zu den letzten geburtenstarken Jahrgängen. Außerdem kann ich auch nichts dafür, wenn wir Frauen älter als die Männer werden. Wir sind eben besonders zäh. Die Zeitung fliegt in die Ecke. Aber der Tag ist verdorben.

Stopp! Denken wir doch mal ein bisschen übers Altern nach. Rein biologisch gesehen altert der Mensch schließlich vom Tag seiner Geburt an. Wer also nicht altern will, sollte gar nicht erst leben. Besteht Altern nicht in Wahrheit nur aus einer langen Reihe von Lebensjahren und damit einer langen Reihe von Zahlen?

Die äußeren Zeichen des lebenslangen Alterns schreibt einem das Leben höchstpersönlich ins Gesicht (und nicht nur dorthin). Sorgen zum Beispiel hinterlassen die ungeliebten Sorgenfalten. Andererseits werden ausdauernde Lachanfälle mit Lachfältchen (bösartig auch Krähenfüße genannt) belohnt. Sorgen hat man natürlich gar nicht gerne, und manche Menschen starten den Versuch, ihre Sorgen in einem Glas Wein zu ertränken. Völlig umsonst, die können schwimmen! Wenn ich dagegen die Falten um meine Augen aufaddiere, also dafür habe ich mindestens 10 Jahre meines Lebens nur gelacht. Das ist doch ein äußerst positives Ergebnis.

Eigentlich wollte ich immer nur 18 werden, volljährig. Damit ich endlich im Kino jeden Film sehen durfte, nicht mehr abends um 22 Uhr zu Hause sein musste und in die Fahrschule konnte. In diesem letzten Jahr vor meinem 18. Geburtstag war jeder Tag so lang wie ein Monat. Aber dann endlich 18 Kerzen auf der Geburtstagstorte. Irgendwie habe ich das Gefühl, das muss letztes Jahr gewesen sein. Denn plötzlich hatte es die Zeit so unglaublich eilig. Ich kann mich noch nicht mal daran erinnern, wann sich dieses Zeitgefühl verändert hat. Was heißt verändert – umgekehrt hat es sich! Heute werde ich das Gefühl nicht los, dass ich ständig atemlos meiner Zeit hinterherrenne, aber keine Chance habe, sie je wieder einzuholen. Mittlerweile ähneln meine Geburtstagstorten eher Fackelzügen. Oder sind die Torten nur kleiner geworden? Und zwischen den Geburtstagen ist überhaupt kein Vakuum mehr. Nach Ostern kommt Weihnachten, dann Karneval oder Fasching, und schon ist wieder Ostern.

Manchmal ertappe ich mich bei der Überlegung, wie viel Lebenszeit mir noch bleibt, für all das, was ich noch vorhabe. Dann muss ich zur eigenen Beruhigung ein wenig schummeln und verschiebe einfach die Obergrenze ein Stückchen weiter nach oben. Also, meine Oma wurde 87, und in meiner Generation ist die Lebenserwartung doch höher. Da kann ich doch locker 90 werden, wenn nicht sogar 95. Schon habe ich mir nach oben wieder ein wenig mehr Raum verschafft. Schadet doch niemandem. Und während ich mich mit solchen mathematischen Spielchen tröste, altere ich unentwegt weiter.

Allein der Begriff »altern« klingt schon so unangenehm, so nach Ablauf des Verfallsdatums.

Mindesthaltbarkeit siehe Bodenblech. Deshalb plädiere ich dafür, statt »altern« einfach »leben« zu sagen. Ich weiß ja nicht, wie das bei Ihnen ist, aber ich lebe gerne. Das kann ich vom Altern wirklich nicht behaupten. Und in meinem Beruf gibt es genügend reizende Produzenten, Veranstalter, Regisseure und Kolleginnen, die meinen Alterungsprozess sehr genau beobachten. Da muss ich mich selbst gar nicht drum kümmern.

In den letzten Jahren habe ich unzählige Male gehört, ich sei für dies und das zu alt. Wann genau das begonnen hat, kann ich nicht sagen. Wahrscheinlich in dem Moment, als ich aufgehört habe, zu jung für dies und das zu sein. Dazwischen muss es einen Tag gegeben haben, an dem mein Alter genau richtig gewesen wäre, aber leider habe ich diesen Tag verpasst. Wie alt muss man eigentlich mindestens sein, um zu alt zu sein?

Besonders uns Frauen wird das Altern sehr übel genommen. Moment, das ist nicht richtig. Nicht das Altern, sondern die äußerlichen Zeichen nimmt man uns übel. Frau wird gesellschaftlich gerne dreifach diskriminiert, Geschlecht – Alter – Aussehen. Und was machen wir? Anstatt uns eine gewisse Gelassenheit im Umgang mit dem unabänderlichen Alterungsprozess anzueignen, anstatt uns in Solidarität zu üben, martern wir uns auf unglaubliche Art und Weise. Stets um unser Aussehen, unsere Schönheit und unsere dahinscheidende Jugend bemüht, sind wir die perfekten Opfer einer ganzen Anti-Age-Industrie. Eine Industrie, die uns beharrlich einredet, nicht perfekt genug zu sein, und die letztendlich nur unser Geld will. Puh, das ist so anstrengend und teuer wie sinnlos. Allein das Geld, das Frauen jährlich für die Versprechungen der Kosmetikindustrie ausgeben, wäre besser in einen erholsamen Urlaub investiert.

Ich habe mir auch mal so ein sündhaft teures Makeup zugelegt. »Ever fresh, sofort Falten mildernd«. Möchte mal gerne wissen, was die unter sofort verstehen. Alle Falten blieben genau da, wo sie vorher schon waren. »8 Stunden Halt« verspricht der Hersteller. Das hat mich doch sehr verunsichert. Nun rechne ich immer mit. Wer weiß schon, was nach diesen acht Stunden passiert. Und all die Wundercremes, die raffen, straffen, liften und vor allem gegen Cellulite wirken.

Wahrscheinlich ist das wie Lottospielen. In der industriellen Abfüllanlage gibt es ein Tiegelchen, das die richtigen, wunderbewirkenden Inhaltsstoffe enthält. Und ich hatte auch beim Lotto noch nie Glück.

Männer nehmen den Alterungsprozess im Allgemeinen nicht so ernst. Natürlich muss man anführen, dass es ihnen auch sehr viel leichter gemacht wird, da die Messlatte der gesellschaftlichen Erwartung nicht so hoch hängt. Auf die Frage nach dem Geburtstag nennen Männer das Jahr und Frauen den Monat. Keine Grenze verlockt uns Frauen mehr zum Schmuggeln als die Altersgrenze. Dabei ist Altern tatsächlich eine relative Angelegenheit.

Aus der Sicht eines vierzehnjährigen Teenagers ist jemand mit zwanzig steinalt. Mit zwanzig kann man sich nicht vorstellen, dass es ein Leben nach dreißig geben kann. Und so lebt man munter vor sich hin, der ein oder andere vermehrt sich sogar, bis eines Tages gute Freunde fragen, wie man den dreißigsten Geburtstag feiern wird. Dreißig! Ich werde doch nicht dreißig. Wer hat das denn ausgerechnet? Der dreißigste Geburtstag ist der schlimmste überhaupt. Trau keinem über dreißig. Dreißig werden bedeutet unwiderruflich das Ende der Jugend, die biologische Uhr tickt, Torschlusspanik, der Schock schlechthin. Viele nehmen sich an diesem Geburtstag ihre erste Depression.

Und kaum haben Sie diesen Schock überwunden, sich an die Zahl drei gewöhnt, schon fragen Ihre reizenden Freunde nach, ob es zum vierzigsten Geburtstag eine große Party gibt, damit man Sie gebührend in den »Club der alten Schachteln« aufnehmen kann. So was baut einen richtig auf. Der vierzigste Geburtstag ist der zweite Zahlenschock des Lebens. Mit vierzig droht der Frauenarzt zum ersten Mal mit Wechseljahren und Hormonkollern. Ihre Kinder sind Ihnen langsam aber sicher über den Kopf gewachsen und erklären Ihnen lapidar, dass Sie doch überhaupt keine Ahnung haben von dem, »was heute so abgeht«. Mit vierzig sind Sie nicht von gestern, Sie sind von vorgestern.

Wenn Sie abends nackt vor dem Schlafzimmerspiegel stehen, sehen Sie zum ersten Mal bewusst die Stellen, an denen man ein paar Abnäher setzen könnte. Die Erdanziehungskraft macht sich schleichend bemerkbar. Außerdem dürfen Sie mit vierzig nicht mehr auf Ü-30-Partys.

In atemloser Geschwindigkeit rast nun die Zeit auf den fünfzigsten Geburtstag zu. Falls Ihnen das ein Trost ist, fünfzig werden ist schon sehr viel einfacher. Mit fünfzig erkennt Frau, dass die Wechseljahre wie die Pubertät sind – nur in die andere Richtung. Den Babyspeck, den sie in der Pubertät verloren haben, bekommen Sie in den Wechseljahren wieder zurück. Man trifft sich immer zweimal im Leben. Bei Nachrichten wie »der Dax hat 17 % abgenommen« werden sie blass vor Neid. Fünfzigjährige wechseln vom normalen Fitnessstudio auch gerne zu Pilates. Das ist leicht nachzuvollziehen. Sollten Sie es noch nicht gemacht haben, dann gehen Sie als Fünfzigjährige einfach mal ins Fitnessstudio. Rackern Sie sich auf einem Laufband ab. Rechts und links neben Ihnen elfengleiche Gazellen, die nur so über ihre Laufbänder schweben. Und damit Sie sehen können, dass Sie dem Vergleich mit den Elfenwesen nicht standhalten, hängen überall Spiegel. Wetten, Sie wechseln auch zu Pilates?

Ihr Körper hat sich verändert, die Proportionen stimmen nicht mehr so ganz, Ihre Arme sind offensichtlich zu kurz geworden. Das bedeutet, spätestens jetzt brauchen Sie eine Lesebrille. Übrigens bedroht die Erdanziehungskraft nun auch die Männer. Bei vielen tritt eine konsequente Biergewebeschwäche im Bauchbereich auf. Männer mit fünfzig bekommen bei jeder attraktiven jungen Frau glasige Augen. Ach ja, der Umsatz von Viagra steigt in dieser Altersklasse rapide an.

Plötzlich tauchen kleine Kinder auf und sagen »Oma«. Wem gehören diese Kinder? Sie stellen fest, hier handelt es sich um Enkel, da Ihre Kinder sich bereits fortpflanzen. An dieser Stelle noch ein Trostpflaster: Oma sein ist einfach schön. Ich finde ja, man könnte das Mütterdasein gleich überspringen und nur noch Oma werden. Omas haben keinen Erziehungsauftrag, und sie können die Kinder wieder abgeben, wenn ihre Nerven nicht mehr mitspielen. Mit fünfzig haben sich übrigens auch Ü-40-Partys erledigt. Ab sofort gehören sie zu den UHUs – unter hundert. Auch das ist tröstlich, eine neue Heimat. Hier kann man bleiben bis zum Schluss.

Jetzt komme ich in den Bereich der Spekulation, was mich sehr freut. Schön, wenn man noch Spekulationsobjekte hat. Mit sechzig überfallen einen bei Worten wie »Abwrackprämie« oder »Altlasten« wahrscheinlich Panikattacken. Aber Vorsicht, heutzutage sind die Sechzigjährigen so fit und lebenslustig wie nie zuvor. Sie sprechen gerne von einem aktiven Lebensabend und freuen sich auf das bisschen Rente. Wir sollten auch nicht vergessen, dass die Sechzigjährigen von heute die Alt-Achtundsechziger von damals sind. Viele sind politisch engagiert oder bekleiden Ehrenämter. Wahrscheinlich werden sie später in ihrer Alters-WG keine Volksmusik, sondern wohl eher die Beatles und die Stones hören.

Ich glaube, mit siebzig oder achtzig kann es wieder schön werden. Man ist gelassener und betrachtet jeden Tag des Lebens als Geschenk. Außerdem hat man dann wohl den Alterungsprozess einfach mal akzeptiert und erkannt, dass er nicht zu verhindern ist. Man muss eben im Leben alles so annehmen, wie es kommt. Neulich erzählte mir eine Achtundachtzigjährige, dass sie sich im Prinzip nur über die Gebrechlichkeit ihres Körpers aufregt, im Herzen sei sie doch noch so jung. Also frage ich Sie, warum können wir nicht einfach jetzt sofort damit aufhören, einer vergangenen Jugend nachzulaufen?

Schließlich geht es beim Altern nur um Zahlen, und ich hatte immer schon ein gestörtes Verhältnis zu Zahlen.

Monika Blankenberg, Kabarettistin aus Köln, ausgestattet mit rheinischem Temperament, spitzer Zunge und Humor, wollte immer nur »18« werden. Und das dauerte ewig. Das muss … letztes Jahr gewesen sein. Oder im vorletzten?

Anmut und Liebreiz

Julia Pfläging

Anmut und Liebreiz, doziert Holger in gemütlicher Runde, führen zum Erfolg bei den Männern. Weil ich ihn schon seit geraumer Zeit heimlich verehre, höre ich genau zu, denn wenn es mich näher zu ihm bringt, ist mir kein Weg zu steil.

Ich nehme all meinen Mut zusammen und frage nach, was er damit meint.

Eine anmutige und liebreizende Frau sieht, so erklärt er entgegenkommend, so aus:

Sie ist sanft und ausgeglichen, sie zickt nicht rum und sie findet Erfüllung darin, anderen Menschen zu helfen. Sie ordnet sich dem Mann unter, schließlich ist sie ja nur aus einer *Rippe* des Mannes gemacht worden und wer möchte gegen die göttliche Ordnung verstoßen?

Für mich klingt das sehr nach »pflegeleicht«, aber dass ich das denke, ist wohl genau die zickige Art, die Holger da eben angesprochen hat.

Und, nun ja – will ich ihm nun näherkommen oder nicht? Also ist es das Beste, ein bisschen pflegeleichter zu werden.

Esther, die nach dem Abitur ihre Jugendliebe Gereon geheiratet hat, stimmt mir voll und ganz zu. »Gereon wäre ziemlich abgeschreckt, wenn ich so viele Widerworte geben würde wie du, hat er mir neulich erzählt«, plaudert sie bei einem Stück Kuchen. »Und dass du immer alles besser weißt …«

»Was ist denn das Problem, wenn einer mehr weiß als der andere?«, wundere ich mich.

»Nein, es geht nicht darum, mehr zu wissen. Es geht darum, dass du ihn in aller Öffentlichkeit auf seine Fehler hinweist. Ich würde das nie machen. Gereon muss sich darauf verlassen können, dass ich ihm den Rücken freihalte.«

Aha, denke ich, den Rücken. Deswegen stehst du auch eher hinter als neben ihm. Gleichberechtigung hatte ich mir anders vorgestellt.

Gereon kommt herein; keine Ahnung, wie viel er von unserem Gespräch gehört hat. Esther erzählt ihm, dass ich nun aktiv angefangen habe, etwas an meinem Singledasein zu ändern. Das hätte ich zwar nicht so genannt und außerdem finde ich, dass es ihn nichts angeht, aber nun ist es passiert. Er grinst. »Willst du noch einen Tipp haben, also von mir als Kerl? Nicht als Verheirateter, meine ich.«

Kann nie schaden … immer her damit.

»Ganz ehrlich, bei deiner Haarfarbe – müssen die so kurz sein? Mit langem Haar würdest du bestimmt ganz super aussehen.«

Ich erzähle meiner alten Schulfreundin Stella von meinem Dilemma. Dass ich einerseits näher an Holger herankommen will, andererseits noch ziemlich viele Dinge im Weg sind.

»Du musst dir halt schlüssig werden, was Holger dir wert ist. Entweder du gibst ein bisschen deiner Freiheit auf und änderst dich, oder der Preis ist dir zu hoch. Aber dann wird es wohl nichts mit euch.«

»Das klingt nicht sehr einladend«, murmele ich.

»Na ja«, sagt sie, »Freiheit aufgeben kommt in jeder Beziehung vor. Man muss immer ein Stück von sich aufgeben. Das tut der andere ja auch. Erst dann kann man zusammen leben.«

Das ist nach wie vor nicht sehr einladend, aber nachvollziehbar. Stella hat recht. Und da ich Holger ja wirklich näherkommen will, beiße ich in den sauren Apfel.

Vielleicht ist er ja gar nicht so sauer?

Mit der Zeit ändert sich mein Umgang mit den lieben Mitmenschen tatsächlich. Ich gewöhne mir ab, das letzte Wort haben zu müssen (wie das schon klingt, *müssen*. Man muss ja gar nicht), korrigiere die Leute nicht mehr, auch wenn sie etwas Falsches sagen, und werde (beziehungsweise: benehme mich) insgesamt sanftmütiger.

Auf einem Festival treffe ich Jochen und teste meine neue Wirkung auf Männer im Allgemeinen, indem ich ein bisschen mit ihm flirte. Erst geht er drauf ein, dann, als es ernster zu werden scheint, weil ich ihm einen Kaffee ausgebe, lässt er durchblicken, dass das mit uns nichts geben wird. Das war zwar ohnehin nicht mein Begehr, aber aus Interesse und weil es vielleicht hilft, frage ich nach, woran das liegt.

»Na ja«, sagt er, »du bist so bunt angezogen. Und

ich ganz in schwarz. Ich hab schon immer schwarz angehabt und wir würden überhaupt nicht zueinander passen.«

Ist das dein Ernst, denke ich, pflichte ihm bei und lasse ihn seinen Kaffee alleine trinken. Schließlich besteht das Festival nicht nur aus ihm und mir. Da ist ja auch noch Mattias.

Irgendwie kommen wir ins Gespräch, und weil er die ganze Zeit lächelt, lächle ich auch die ganze Zeit. Wir laufen uns in den folgenden vier Tagen ständig über den Weg und das Anlächeln ist schon ein ausgewachsener Annäherungsversuch geworden.

Als ich zurück zu Hause bin, stelle ich fest, dass ich während des Festivals überhaupt nicht an Holger gedacht habe. Auch einen Monat später ist Mattias noch wesentlich präsenter in meinen Gedanken. Das sollte ich nutzen, um mir Holger endlich vollständig aus dem Kopf zu schlagen.

Ich mache mich auf den Weg zu Mattias und bekenne, dass ich Interesse an ihm habe. Er bekennt, dass er aus diversen Gründen keins an mir hat und dass er sich auf die Füße getreten gefühlt habe, ich sei viel zu offensiv gewesen und es sei ja der Part des Mannes, den ersten Schritt zu tun. Und mit meinem heutigen Bekenntnis hätte ich ihn schon wieder überrollt.

Je länger ich über seine diversen Gründe nachdenke, desto fadenscheiniger werden sie. Und was heißt hier eigentlich offensiv? Hatte er nicht angefangen mit dem Lächelmarathon? Zugegeben, ich kann mich nicht mehr erinnern, wer angefangen hatte, aber ich weiß jedenfalls, dass er herzhaft mitgemacht hat. Flirten klappt eben nur, wenn beide mitmachen. Ein viertägiger Dauerflirt erst recht.

Trotzdem versuche ich, weniger offensiv zu sein. Den Mann den ersten Schritt machen zu lassen.

Und warte.

Und warte.

Und denke, vielleicht hatte Jochen ja doch recht.

Die ganzen unterschiedlich gemusterten Klamotten aus meinem Schrank finden im Altkleidercontainer ein neues Zuhause. Die bunten Sachen folgen ihnen unauffällig, denn »unauffällig« ist mein neuer Stil. Gedeckte Farben kehren ein, Pastelltöne und unbehandelte Naturstoffe. Ich schwöre feierlich, das letzte Mal einen roten Pullover zusammen mit einer blauen Jeans angehabt zu haben. Das soll nie wieder vorkommen. So viel Farbe! Ich bin doch kein Paradiesvogel!!

Und da der anmutige Gang mit Doc Martens glatt unmöglich ist und ich in Stöckelschuhen noch nie laufen konnte, steige ich um auf Ballerinas. Das sieht dann auch nicht zu selbstbewusst aus.

Ich warte.

Versuche, niemandem auf die Füße zu treten.

Nicht besserwisserisch rüberzukommen.

Sanft zu sein.

Nicht rumzuzicken.

Nicht nachtragend zu sein.

Meine Erfüllung in der Nächstenhilfe zu finden.

Es ist ja nicht so, dass ich keine Männer treffen würde. Ich treffe sogar welche, die lustig und interessant sind. Mitten in einer Unterhaltung mit einem solchen Mann erzähle ich, dass ich es maßlos übertrieben finde, zum Reifenwechsel in die Werkstatt zu fahren. Das erledige ich lieber selber.

Er lacht, vermutlich grillst du auch alleine und baust dein Haus selber. Jetzt versteh ich, warum du Single bist, du brauchst gar keinen Mann. Außer vielleicht, damit er dir zur Sportschau ein Bier bringt, denn wahrscheinlich kennst du dich prima mit Fußball aus, he?

Ich lache mit, und zu Hause breche ich in Tränen aus. Liegt es wirklich *daran*, dass ich Single bin? Sieht es für die Männer echt so aus, dass ich sie gar nicht brauche? Ja, es stimmt, ich bin ein laufendes Fußballlexikon. Ich weiß, dass der Hamburger SV seit Gründung der Bundesliga noch nie abgestiegen ist, und das bekannteste Zusammentreffen von Zidane und Materazzi kann ich minutiös rezitieren.

Ich befasse mich nicht länger mit der aktuellen Bundesligasaison. Ich träume nicht mehr davon, in einem Porsche 911 Carrera über den Nürburgring zu pesen, am Steuer natürlich. Ich vergesse alles, was ich mir über Reifenwechsel und Heimwerkerei angeeignet habe.

Das alles erfordert eine Menge Beherrschung. Erst recht, vier Wochen lang das rote Lämpchen neben dem Tacho gegenüber den Autoschraubern meines Umfeldes zu erwähnen, sie deswegen um Hilfe zu bitten, ständig ausgelacht zu werden, »Haha, das ist die Handbremse!«, und schließlich mit verschmorter Zylinderkopfdichtung liegen zu bleiben. Und dann noch sanftmütig zu sein. Nichts nachzutragen.

Die Krönung liefert allerdings Holger.

Holger, der doch offenbar auf sanfte Weibchen steht, was seine drei Exfreundinnen beweisen und die ich mir gewissermaßen zum Vorbild genommen habe – nur dass ich natürlich besser sein wollte als sie, immerhin sind sie nicht grundlos die *Ex*freundinnen –, dieser Holger ist auf einmal mit Barbara zusammen.

Meiner ehemals besten Freundin Barbara.

Barbara, der kein Abenteuer zu wild ist. Deren Lieblingsspruch auf der Autobahn »Wer schnell fährt, ist schnell da« lautet. Barbara, die sich immer sicher war. Sicher in dem, was sie tat, und in dem, was sie ließ. Barbara, die immer noch ein bisschen mehr übertrieben hat als ich, ein bisschen frechere Sprüche drauf hatte, ein bisschen kürzere Röcke trug, ein bisschen mehr von allem war.

Im letzten gemeinsamen Urlaub sind wir drei Wochen durch Frankreich und Spanien getrampt. Ich habe sie lange nicht gesehen, denn sie war die Erste, die mein plötzliches Umschwenken von »Wie ich bin, bin ich richtig« zu meiner Version von »Anmut und Liebreiz« nicht verstanden hat. Und die sich mit »Wenn du wieder normal tickst, kannst du dich ja melden« aus meinem Leben verabschiedet hat. Ihr sind mittlerweile die meisten meiner Freunde gefolgt; ich bin abends oft allein.

Und jetzt ist ausgerechnet *sie* ausgerechnet mit Holger zusammen. Vor meinen Augen halten sie Händchen, küssen, schauen sich verliebt an, reden den üblichen Stuss.

Hallo?! Wofür meine ganzen Veränderungen?

Ich halte es nicht mehr aus, passiv dazustehen und darauf zu warten, dass ein Mann den ersten Schritt tut. Stattdessen tue ich einen Schritt und noch einen, und zwar auf die beiden Turteltäubchen zu.

»Hallo, was machst du denn hier? Ich hab dich vorhin gar nicht gesehen«, sagt Barbara verwundert.

Ich beachte sie nicht weiter. »Seid ihr zusammen?«, frage ich Holger, nur zur Sicherheit, obwohl kein Zweifel besteht.

»Sieht das so aus, oder was?«, gibt er flapsig zurück.

»Also ja«, schließe ich mit zitternder Stimme. Ich bin es nicht mehr gewohnt, einfach so, ungefragt, mit einem Mann zu sprechen. »Und seit wann?«

»Eine Woche«, sagt er, »ich war schon lange in sie verknallt«, und wird kichernd von ihr unterbrochen: »Quatsch, er hatte ne Reifenpanne und ich kam da vorbei. Tja, und da hat's dann gefunkt. Weißt du, er hat keine Ahnung von Technik. Tanken kann er, aber sonst! Total süß.«

»Und was hat sie, was ich nicht habe?«, frage ich Holger.

»Was?«, lacht er heraus. »Guck dich doch mal an, du graue Maus. Außerdem warst du mir immer zu leicht beeinflussbar. Barbara lässt sich von überhaupt niemandem beeinflussen. Das ist echt cool. Sie hat mir von euch beiden erzählt, also was ihr früher unternommen habt. Kann ich mir gar nicht vorstellen, du bist so lieb und sanft. Ist das nicht eigentlich ein bisschen langweilig? Aber na ja, du findest schon noch den Richtigen.«

Ich sehe rot. Aus den Falten meines schlichten sandfarbenen Rockes ziehe ich ein langes Messer und steche auf Barbara ein. Immer wieder. Erst als alles voller Blut ist, findet Holger langsam die Sprache wieder. Er schreit mich panisch an, ob ich denn von allen guten Geistern verlassen sei.

Gute Geister? Etwa solche wie du, schreie ich ihn an, die mir erzählen, wie dein perfektes Weibchen zu sein hat und dann feststellen, dass ich eine graue Maus wäre?

Es ist ein irres Gemetzel. Und mir ist egal, dass ich wahrscheinlich für die längste Zeit auf freiem Fuß gewesen bin. Mir droht »Lebenslänglich« mit anschließender Sicherheitsverwahrung, das heißt, ohne Haftprüfung nach 15 Jahren.

Als ich wieder zu mir komme, sitze ich in meiner heimischen Küche. Zum Glück war das alles nur ein Tagtraum. Ein fieser Traum, gebe ich zu, aber heilsam. *Sehr* heilsam.

Morgen ist Samstag, da werde ich einkaufen gehen. Dieser farblose Schrott kann im Müll vergammeln. Ich ziehe wieder rot und blau und gestreift durcheinander an. Danach gehe ich zum Frisör, und er darf mir die brave Matte abschneiden, raspelkurz. Und ab 15:30 Uhr werde ich Fußball gucken – nein, ich fahre runter nach Leverkusen und gucke mir das nächstbeste Spiel an, und wenn da die Ackerfreunde Nord gegen FC Hahnepampel spielen, scheißegal!

Im nächsten Urlaub werde ich trampen und mir nicht mal ein Ziel überlegen, sondern einfach sehen, wohin das Leben mich bringt.

Und wenn irgendwer was dagegen hat, dann kann er mich mal.

Basta.

Holger hat tatsächlich recht: Ich finde schon noch den Richtigen. Aber nur, wenn ich es auch bin – richtig.

Genug verdreht, verstellt, kreuzunglücklich geworden. Jetzt ist wieder Leben dran, *mein* Leben, und ich bin richtig, wie ich bin.

Sämtliche Ähnlichkeiten zu Personen oder Festivals sind natürlich reiner Zufall und nicht von der Autorin beabsichtigt.

*

Julia Pfläging, 1976 in Hückeswagen geboren, ist gelernte Bürokauffrau. Heute arbeitet sie als Autorin und freie Lektorin. Ansonsten staunt sie auf ihrem Blog über Wunder und Wunderlichkeiten des Lebens (http://die-beste-juppi.blogspot.com).

Dieser Text ist auf gar keinen Fall und auch nicht das kleinste bisschen autobiografisch

Karoline Cook

Ich trage nachts Knirschschienen. Abgesehen von der Tatsache, dass es sich um eines der wenigen existierenden deutschen Wörter mit einem doppelten »sch« handelt, ist das peinlich – zumal zu meiner Nachtkluft außerdem Ohrenstöpsel gehören, ohne die ich nicht einschlafe, aber ein möglichst knappes Nachtgewand, weil mir nachts leicht zu warm wird, seit ich Mitte Vierzig hinter mir habe.

Zum Glück machen mir Peinlichkeiten meistens nicht so viel aus, dass sie mich wirklich in meinem Leben behindern – außer, wenn ich beim Lügen oder beim Angeben erwischt werde, damit hat meine Seele dann schon die eine oder andere Woche schwer zu tun.

Manchmal tröstet mich der Gedanke, dass es wohl den meisten Menschen peinlich ist zu zeigen, wie sie sind – *with warts and all* (mit Warzen und allem drum und dran), wie es der Amerikaner so bildhaft drastisch und auch ein bisschen unappetitlich ausdrückt.

Sie schämen sich für ihr Sosein, weil sie schon vom Säuglingsalter an immer wieder auf all die Punkte hingewiesen worden sind, die unerwünscht oder gar unannehmbar sind, und die dazu führen, dass sie als Person falsch sind – nicht so jedenfalls, wie sie eigentlich sein sollten. Wenn wir doch alle von Kindesbeinen an genau so viel bestätigt wie kritisiert würden! Dann liefen sicher nicht so viele unsichere und zutiefst beschämte Leute mit dem entsprechend beschädigten Selbstwertgefühl auf dieser Welt herum.

Und Beschämung, das ist es, womit sie uns immer wieder (klein)kriegen.

Mit der Beschämung über den Schweißfleck unter den Achseln, über den Umstand, dass unser Vierjähriges immer noch eine Windel braucht, bis hin zu der Beschämung dafür, dass der Mann zwar kein dickes Auto fährt, dafür aber mit großer Selbstverständlichkeit und Unbeschwertheit einen ebensolchen Bauch vor sich her trägt.

Wir schämen uns, wenn wir nach der Geburt unseres Babys nicht rasend glücklich sind, sondern einfach nur deprimiert.

Wir schämen uns, weil wir beim Stillen nicht abgenommen haben, sondern zu oder vielleicht sogar gar nicht gestillt haben.

Wir schämen uns, weil wir unserer Mutter – oder schlimmer noch – unserer Schwiegermutter immer ähnlicher werden und weil unser Sport *Ritter Sport* heißt.

Wir schämen uns, weil wir bei *Facebook* nur drei »Freunde« haben oder, schlimmer noch, gar nicht wissen, wie man bei *Facebook* mitmachen kann.

Wir schämen uns, wenn unser Kind als Einziges aus der Klasse nicht zum Geburtstag von XY eingeladen ist.

Und wir schämen uns, dass wir uns für all das schämen und es uns nicht piepegal ist.

Und weil das so ist, reden wir nicht über all diese Dinge, die tagtäglich Millionen von Personen auf dieser Welt auf die eine oder andere Weise passieren, sondern versuchen, besser zu werden als die anderen, damit uns so etwas nicht wieder passiert.

Was geschieht eigentlich, wenn ich beschämt werde?

Ich werde von jemandem durch eine Botschaft oder sein Verhalten abgewertet in meiner Person, weil ich etwas Bestimmtes getan, gesagt oder nicht getan oder gesagt habe. Ich werde also nicht auf der Sachebene kritisiert, weil ich einen Fehler gemacht habe (Fehler macht jeder Mensch – das ist normal), sondern mein Wert als Person wird infrage gestellt. Es wird also eine Grenze überschritten – meine Persönlichkeitsgrenze – die mich als Einzelperson in meiner Intimsphäre schützt und meine Würde wahrt.

Geschieht das bei einem Kind, ist es dagegen absolut wehrlos, weil es die Komplexität dieses Vorgangs nicht erfassen kann. Es merkt nur, dass es sich schlimm anfühlt und es so etwas nie, nie, nie wieder erleben will. Entsprechend verhält es sich also. Weil Beschämung so schmerzlich und erniedrigend ist, werden das Kind – und später wahrscheinlich auch der Erwachsene, falls ihm dieser Mechanismus nicht bewusst wird – ihre ganz eigenen, ihrer Persönlichkeitsstruktur entsprechenden Methoden entwickeln, dass ihnen so etwas wirklich nie, nie, nie wieder passiert, weil es sich so schrecklich anfühlt.

Wir halten fest – Beschämung ist Entwertung bzw. Entwürdigung, und die ist für jeden Menschen sehr schlimm.

Besonders schlimm ist sie an den Stellen, an denen wir als Kinder beschämt wurden.

Wenn mir also als Kind stets vorgehalten worden ist, dass ich ein Egoist bin (und damit ein schlechter Mensch), dass ich immer nur an mich selbst denke, dann habe ich mit diesem Vorwurf oder auch nur der Andeutung eines solchen Vorwurfs wahrscheinlich große Mühe und bin an dieser Stelle auch später im Leben immer noch leicht zu beschämen.

Neulich war ich im ICE unterwegs, und weil mein Koffer schwer und unhandlich war, hatte ich ihn nicht nach oben ins Gepäcknetz gehievt, sondern zwischen zwei Sitzreihen gestellt, wo er wirklich niemanden störte ... bis eine Frau mich als asozial bezeichnete – nicht direkt, sondern so laut, dass ich es hören konnte ihrem Partner gegenüber –, weil ich den Koffer längs- und nicht hochkant dorthin gestellt hatte. Sie war der Meinung, sonst hätte dort noch ein weiterer Koffer platziert werden können.

Und schon hatte sie mich. Wieder mal egoistisch und asozial gewesen – wieder mal nur an mich gedacht ... die nachhallende Botschaft aus meiner Kindheit als ältestem von vielen Kindern.

Im ganz normalen Alltag kommt diese Art von Beschämung oft ganz unspektakulär und vermeintlich harmlos, aber nicht weniger wirksam daher.

Als neulich Marlene, eine Kollegin meines Mannes

Konrad, die gertenschlank ist, wirklich toll aussieht, und aus dem Kapital, was sie da hat, auch noch sehr viel macht, weil sie ein Händchen dafür hat, vor der Tür stand, ich ihr im »Gümmeloutfit« (so nennt unsere große Tochter Marie die formlosen unmodischen und auch nicht immer blütensauberen Klamotten, die sie anzieht, nachdem sie sich ihrer zwecks Außenwirkung zwei Größen zu kleinen Jeans entledigt hat) und in quietschgrünen Crocs aufmachte und sie nur eine Augenbraue ein ganz klein wenig hochzog und ein fast – aber nur fast – unhörbares »oh« ausstieß (so ein kurzes offenes »o« wie in »doch«), da hätte ich fast alles getan, um den Eindruck, den sie offensichtlich von mir hatte, wenn nicht rückgängig machen, so doch wenigstens relativieren zu können.

Diät, OP, Yoga, Power Bootcamp, Pilates, Makrobiotik, Glyx-Ernährung – egal, nur anders hätte es mich machen sollen: schöner, ausgeglichener, schlanker, intellektueller, spiritueller, computertechnisch und unterhaltungselektronisch versierter, kurz, beeindruckender – toller!

In meinem Hinterkopf nistet nämlich der Gedanke und meldet sich manchmal sogar lautstark zu Wort, dass Marlene all das ist. Und außerdem ist sie immer so beherrscht und stilsicher.

Beim Betriebsausflug von Konrads christlicher Bildungs- und Freizeitstätte, zu dem auch immer ein Picknick gehört, hatte sie vor ein paar Jahren mal Stoffservietten dabei, die zur Picknickdecke und!!! zum Geschirr passten und auch noch ein überaus gepflegtes landhausmäßiges Picknickflair verbreiteten. Ihr Lippenstift hielt während des gesamten Picknicks, bei dem sie mit kerzengeradem Rücken und ohne dabei auch nur den Hauch eines Bäuchleins zu bilden im Schneidersitz gesessen hatte, ohne mit der Wimper zu zucken oder komplett die Kontrolle über ihre Gesichtszüge zu verlieren. Sie hatte währenddessen noch ihren kleinen Sohn kreativ und liebevoll bespaßt, dekorativ einen Apfel zerlegt und auf dem Porzellan(!!)teller drapiert sowie ein Bananenkrokodil geschnitzt – und währenddessen Konrad und mir die drei anspruchsvollen Filme ans Herz gelegt, die sie sich im Laufe des vergangenen Monats im Programmkino angeschaut hatte. Und bei all dem wirkte sie kein bisschen verkrampft oder wichtigtuerisch, sondern richtig nett. Einfach zum Ins-Herz-Schließen – ehrlich. Und als wir uns wieder auf den Heimweg machten, war ihr Lippenstift immer noch makellos und ihr Kind immer noch bester Stimmung, während unsere Kinder vor sich hin nölten.

Manchmal fürchte ich, dass Konrad sie mehr als nur nett findet, besonders wenn meine Hose kneift, ich wieder mal vergessen habe, die Mülltonne rauszubringen und die Abfuhr erst in vierzehn Tagen wieder kommt, wieder mal eine Topfpflanze vor meinen Augen das Zeitliche gesegnet hat und es diese Woche schon zwei Mal Miracoli gegeben hat, weil ich mehr einfach nicht geschafft habe. Ganz zu schweigen davon, dass ich es ab Ende September mit der Beinenthaarung nicht mehr so genau nehme, zwischendurch schon mal gern nasche und die Stille Zeit ... na ja ...

Wie gesagt, Marlene ist da ganz anders. Wenn Marlene die Koffergeschichte in dem ICE passiert wäre, dann hätte sie diesen charmant-hilflos-kokett-unwiderstehlichen, aber auch ein klitzekleines bisschen selbstironischen Blick aufgesetzt – und der zieht immer. (Sie merken, eigentlich bin ich neidisch auf Marlene – ich möchte sein wie sie, kann es aber nicht, also mache ich sie subtil schlecht.)

Mich dagegen kriegen sie so aber immer, und zwar weil sie instinktiv merken, dass ich okay sein möchte. Und dann schäme ich mich wieder. Darüber würde ich natürlich nie-nie-nie – nicht einmal mit Konrad – reden.

Wenn in einem solchen Augenblick mir jemand ein Do-it-yourself-Buch mit dem Titel: »Werden Sie anders – und zwar richtig – in 14 Tagen« hinhalten würde, dann – und nicht nur dann – würde ich das für einen lebensrettenden Akt halten und nicht für das, was es in der Regel ist: ein Geschäft.

Ich möchte, dass möglichst viele mich mögen – am besten alle und besonders die ganz Tollen. Ich möchte, dass genau diese Perfekten wie Marlene, die so anders sind als ich und deshalb natürlich viel besser, dass genau die mich mögen, und deshalb muss ich mich ändern. Und weil ich aus leidvoller Erfahrung weiß, dass ich das nicht kann, brauche ich da Hilfe.

Das Verrückte daran ist, dass mir im Grunde klar ist, dass es auch bei Marlene die Stellen gibt, an denen sie alles dafür tun würde, anders zu sein. Vielleicht beneidet sie mich um meinen Mut, ihr im Gümmeloutfit zu öffnen, aber das würde sie nicht zugeben, sondern sofort nach einem Buch mit dem Titel »Werden Sie lockerer und selbstsicherer in 14 Tagen« greifen.

Alle Selbstverbesserung hat letztlich das zum Zweck: okay zu sein, damit wir nicht rausfliegen – sprich, verlassen werden.

Früher (wann eigentlich?) musste eine Frau wie ich das mit Mann, Haushalt und Kindern einigermaßen hinbekommen, dann war sie okay. Vielleicht noch hin und wieder Gastgeberin sein für Verwandtschaft oder Kollegen bzw. Vorgesetzte des Mannes.

Sie brauchte nicht zusätzlich einem Broterwerb nachzugehen. Außerdem gab es nicht diese Wahnsinnsinformationsflut zu bewältigen, von der wir heute tagtäglich überrollt werden.

Wenn die Kinder groß waren und etwas aus ihnen geworden war, dann war für eine Frau normalerweise der Keks gegessen. Sie hatte getan, was von ihr erwartet wurde. Sie hatte es geschafft.

Heute sind da so viele Bereiche, in denen Frau nicht nur genügen, sondern brillieren muss.

Zum Beispiel beim Abiball meiner Kinder – ich finde es schrecklich, dass es Ballkleider fast nur noch schulterfrei gibt, und wenn man ganz viel Glück hat, haben sie überhaupt Träger.

Als Gattin des Chefs beim Abendessen bei dessen Chef (den ich nicht mag). Da soll ich nicht nur die Frau an Konrads Seite sein, sondern auch ein eigenes Profil haben, und zwar ein möglichst professionelles – mit eigener Homepage, E-Mail-Adresse und möglichst eigenem Blog ...

Auf dem Kulturparkett soll ich mich gewandt bewegen – mich auskennen, wo was gerade läuft – und dabei kann ich die Gesellschaft dort in ihrer schwarzen Pseudo-Lässigkeit so gar nicht leiden, wenn sie auf Vernissagen oder in Theaterpausen Weißwein nippt und Bildung verströmt.

Politisch informiert soll ich sein, geistig und körperlich fit und aktiv – auch als Vorbild für meine Kinder und Konrads Klientel. Neugierig und offen soll ich sein, um in meinem Beruf Erfolg zu haben bzw. überhaupt als Frau in meinem Alter bestehen zu können, aber bitte auch nicht zu neugierig und zu offen, weil das bei einer Frau in meinem Alter auch leicht mal überspannt oder gar anstößig rüberkommen kann.

In der Gemeinde soll ich anwesend und aktiv sein – informiert, engagiert, aber auch immer demütig genug, bibelfest, sozial aktiv, spirituell unterwegs, aber nicht zu dominant, denn schließlich bin ich eine Frau, die sich, das wissen ja wohl alle, weil schon Paulus es gesagt hat, unterordnen soll.

Ich will gar nicht die guten alten Zeiten beschwören – ich jedenfalls möchte ohne berufliche Herausforderung nicht sein –, aber es ist doch klar, dass durch die Komplexität unseres Alltags Unzulänglichkeit unausweichliche Realität ist. Wir können nicht überall und immer richtig und okay sein. Wir müssen entweder so tun als ob (wie anstrengend) oder dazu stehen, dass wir es sind (wie peinlich).

Ich lebe mein Leben so gut ich kann – ehrlich – und ich bin schon relativ lange dabei, finde ich. Aber auch in der Gegenwart des allmächtigen Gottes, seines Sohnes Jesus und des heiligen Geistes bleibt dieses Leben hier unzulänglich – und zwar in allen Bereichen relativ stark. Mal weniger stark, mal stark stark.

Ich persönlich sehne mich in zunehmendem Maße danach, dass aus den frommen Kreisen mal jemand sagt: Du bist richtig und erwünscht und geliebt, wie du bist! *With warts and all* – aber das geschieht selten oder erst dann, wenn ich etwas Außergewöhnliches und für alle Sichtbares geleistet habe und dabei über meine Grenzen gegangen bin und mich im Grunde überfordert habe. Und manchmal habe ich den Verdacht, das ist so, damit sich alle ein bisschen mehr anstrengen. Gemeinden müssen mit immer weniger Geld zurechtkommen und brauchen deshalb immer mehr Ehrenamtliche – und sie unterscheiden sich mit diesem Ansatz im Grunde nicht von den Werbestrategien der Mode- und Kosmetikindustrie, um Menschen zu motivieren –, nur dass sie damit kein Geld verdienen, sondern welches einsparen –, und immer das Argument zur Verfügung haben, dass es ja für das Reich Gottes und damit für einen guten Zweck ist.

Ich sehne mich danach, dass die ewigen Kaffeekocherinnen, Kinderhüterinnen, Deko-Frauen in den Gemeinden mal selbst Kaffee gekocht bekommen und betüddelt werden, ermutigt und dekoriert – und zwar nicht nur ein Mal im Jahr zum Muttertag oder sonst einem passenden Anlass mit einer Aldi-Rose, die ihnen nach dem Sonntagsgottesdienst in die Hand gedrückt wird.

Ich sehne mich danach, dass ich nicht jeden Sonntag wieder gesagt bekomme –, von der Kanzel aus gesagt bekomme –, dass ich zwar von Gott geliebt bin, ABER doch auch noch erheblicher Nachbesserungsbedarf besteht – lebensstiltechnisch, geistlich natürlich, in der Mitarbeit in der Gemeinde und auch sonst. Ich will nicht mehr allsonntäglich mit einer Liste von Nachbesserungspunkten ausgestattet werden, mit der ich bis zum St. Nimmerleinstag beschäftigt bin – oder lieber gleich resigniere.

Wir sind uns alle ziemlich ähnlich, glaube ich – unzulänglich eben.

Wäre es nicht wunderbar, wenn wir aufhören könnten, uns gegenseitig zu beschämen, und stattdessen unsere Unterschiedlichkeit feiern als Riesenchance etwas zu bewegen – auch unseren Hintern vom Sofa und der Kirchenbank?

Ich jedenfalls bin es leid, mich zu schämen.

Ich bin es leid, nach außen so zu leben, als hätte Jesus für mich eigentlich nicht zu sterben brauchen, weil ich mich ja schließlich ganz schön anstrenge, mich dabei aber innerlich ständig klein und mickrig zu fühlen.

Ich bin es leid, im frommen Hamsterrad mitzurennen und mich dabei im wahrsten Sinne zu Tode zu sehnen nach den Armen meines Erlösers.

Selbst auf die Gefahr hin, als ungeistlich und gefühlsduselig abgestempelt zu werden – ja, ich bin so. Und nach meinem Verständnis meiner Beziehung zu

Jesus darf ich das auch. Denn selbst wenn Gefühlsduselei auf dem Sündenindex ganz oben stünde, ist es besser, damit zu Jesus zu rennen, statt so zu tun, als wäre ich es nicht, und deshalb andere zu piesacken.

Es hat mit Würde zu tun, so sein zu dürfen, wie ich bin. Es hat mit der Würde zu tun, mit der mein Schöpfer mich und jeden Menschen – auch Marlene, ich weiß schon – ausgestattet hat und die er mit den Worten »es ist sehr gut« bestätigt und besiegelt hat.

*

Karoline Cook steht mitten im Leben – altersmäßig und auch sonst. Beruflich gehört sie zur schreibenden Zunft. Ansonsten hat sie gut und gern zu tun mit ihrem Mann Konrad, vier Kindern – zwei Söhnen und zwei Töchtern – und allem, was sonst so anliegt.